DAL CATALOGO

R. Michnick Golinkoff, K. Hirsh-Pasek
Il bambino impara a parlare

Barbara Abdelilah-Bauer

Il bambino bilingue

Crescere parlando più di una lingua

Raffaello Cortina Editore

www.raffaellocortina.it

Titolo originale
Le défi des enfants bilingues

Pubblicato con il sostegno del Ministère français
chargé de la culture – Centre national du livre

Traduzione
Sara Trovato

Copertina
Studio CReE

ISBN 978-88-6030-176-5

Milano, via Rossini 4

Prima edizione: 2008

Indice

Introduzione IX

1. Il meccanismo della lingua 1
Come impariamo a parlare? 1
Che cosa significa essere bilingui? 11

2. Diventare bilingue 17
Funzionamento e conseguenze 17
Bilinguismo e identità culturale 31

3. Il bilinguismo precoce simultaneo: dalla nascita ai tre anni 41
Lo sviluppo del linguaggio 41
La gestione delle due lingue da parte del bambino 49

4. Il bilinguismo precoce consecutivo: dai tre ai sei anni 61
Una seconda lingua a 3 anni 61
Dal bilinguismo al multilinguismo 72

5. Il bilinguismo tardivo 81
Una seconda lingua dopo i 6 anni 81
A scuola: limitazioni specifiche 89

6. La difficoltà di essere bilingue 101
Il bilinguismo in pericolo 101
Prima e seconda lingua: rapporti difficili 110

7. L'educazione di un bambino bilingue nel quotidiano 123
Il bilinguismo in famiglia 123
Genitori monolingui: il bilinguismo sognato 130

Conclusione 139

Epilogo 141

A Maria e Alfons, Zohra e Mohammed, che sono all'origine di un'avventura trilingue di più di trent'anni.

A Schéhérazade Anna-Maria, Yasmina Katharina, Amir-Alexander Florian, per gli incoraggiamenti e la pazienza.

A Mustapha, per il suo costante sostegno e i saggi consigli.

Un grazie a Patricia, Marianne, Sophie, Claudia, Élisabeth e tutte le altre, bilingui o multilingui, dalla lingua pienamente realizzata o ancora in divenire, per i loro contributi appassionanti e appassionati su www.enfantsbilingues.com.

Un grazie a tutti i genitori francofoni che, da ogni parte del mondo, con le loro domande e le loro osservazioni, mi hanno permesso di progredire nelle mie riflessioni.

Introduzione

Tante più le lingue che parli, tanta più la tua umanità.
Proverbio dell'Europa centrale

Almeno la metà della popolazione mondiale è bilingue o plurilingue. Milioni di persone, nel mondo, crescono parlando due o più lingue. In tutti i paesi europei si diffonde il contatto con altre culture e altre lingue e, anche in questo modo, ci accorgiamo che la globalizzazione avanza.

Come è successo in Francia, oggi anche in Italia le scuole dell'infanzia e le scuole ordinarie accolgono centinaia di migliaia di bambini la cui lingua madre non è l'italiano. Si tratta di un dato di fatto essenziale, che caratterizza la società moderna, e che non possiamo né ignorare né modificare. Abbiamo di fronte un bilinguismo a volte già esistente, a volte in costruzione, che è importante riconoscere.

Così come in Francia le inchieste dell'INSEE,[1] anche in Italia gli studi sulle lingue regionali e i dialetti[2] o le indagini dell'ISMU[3] rivelano una considerevole varietà linguistica nei paesi in cui viviamo. In Francia, un adulto su quattro ricorda che, durante l'infanzia, i suoi genitori gli parlavano abitualmente anche in un'altra lingua, oltre che in francese. Sempre in Francia, sono state censite circa quattrocento lingue, la maggior parte delle quali non appartiene che a numeri esigui di parlanti.[4] Ma niente ga-

1. F. Clanché, "Langues régionales, langues étrangères: de l'héritage à la pratique", in *INSEE première*, 830, INSEE 2002.

2. Alcuni studi importanti sulle lingue regionali e i dialetti italiani sono: T. De Mauro, *Storia linguistica dell'Italia unita*, Laterza, Bari 1963; G. Rohlfs, *Studi e ricerche su lingue e dialetti in Italia*, Sansoni, Firenze 1972; M.R. Manzini, M.L. Savoia, *I dialetti italiani e romanci. Morfosintassi generativa*, Edizioni dell'Orso, Alessandria 2005. [NdT]

3. L'ISMU è un centro studi sull'immigrazione in Italia. [NdT]

4. F. Héran, A. Filhon, C. Deprez, "La dynamique des langues en France au fil du XXe siècle", in *Population et Sociétés*, 376, INED 2002.

rantisce che queste lingue sopravvivano presso le generazioni successive. Secondo la stessa inchiesta, del 26% di adulti che hanno acquisito un'altra lingua oltre al francese, soltanto il 9% la trasmette ai propri figli. Nel passaggio da una generazione all'altra, tutte le lingue, sia quelle regionali sia quelle straniere, vengono soppiantate dal francese.

Far sì che un bambino cresca bilingue richiede uno sforzo sostenuto, della durata di parecchi anni. Quand'anche la lingua da preservare sia quella di uno dei genitori, o la lingua della famiglia, il bilinguismo non va da sé: è piuttosto un prodotto dell'adesione di tutta la famiglia a un progetto. Combattere i luoghi comuni della maggioranza monolingue, trovare i mezzi per resistere all'erosione della lingua "debole", aiutare i bambini a costruirsi un'identità a partire da due lingue e due culture: sono queste le sfide che attendono i genitori, in paesi come la Francia che, in base alla costituzione, è monolingue, ma anche come l'Italia che, in base alla costituzione, non lo è.

Se le conoscenze in materia di acquisizione delle lingue hanno fatto grandi progressi, negli ultimi anni, non altrettanto si può dire della mentalità delle persone. Il bilinguismo è un fenomeno complesso, e la ricerca non è ancora giunta a una conoscenza piena dei meccanismi di convivenza di più lingue nella stessa mente.

Più ci si avventura in questo studio, più ci si rende conto che esistono tanti modi di vivere il proprio bilinguismo quanti sono i bilingui. Quando si parla di lingua, si parla di comunicare con gli altri e di parlare di sé. Potersi esprimere in due lingue può significare dover scegliere la lingua adatta a ciascun interlocutore, a ciascun luogo, a ciascuna situazione, e questo può essere fonte di difficoltà.

Ma è anche fonte di ricchezza, perché la padronanza di due lingue amplia le frontiere, e il mondo si allarga di conseguenza.

Per dirla con il pedagogista Rudolf Steiner, "ogni lingua dice il mondo a modo suo. Ciascuno edifica mondi e anti-mondi a modo suo. Il poliglotta è un uomo più libero".

Ciò non toglie che questa libertà possa essere percepita dalla maggioranza monolingue come una devianza: la persona "doppia" non sarà forse preda della schizofrenia, non dovrà gestire due modi di parlare di sé? E quindi, non è forse preferibile proteggere il bambino da questa pericolosa "commistione", permettergli di "mettere radici" in *una* lingua, in *una* cultura? Quante cose, a volte assai poco veritiere, sono state scritte sui bilingui da persone che guardano il fenomeno con occhi da monolingue.

Questo libro è destinato a quanti (genitori, insegnanti, professionisti che lavorano con bambini piccoli) si interessano alla convivenza di più lingue nella mente della stessa persona. Esso intende mostrare la normalità dei bilingui, per i quali l'uso di due lingue nella vita di tutti i giorni è altrettanto naturale che l'uso di una lingua sola per i monolingui. Questo libro non pretende di cambiare le mentalità, ma si fa carico di combattere i luoghi comuni che circondano il bilinguismo, e di sostenere i genitori nel nobile compito di trasmettere l'eredità culturale e linguistica.

Sono molti i libri e gli articoli sul tema destinati a un pubblico specialistico, ma sono poche invece le informazioni indirizzate agli attori stessi della trasmissione delle lingue, o a coloro che accompagnano i bambini bilingui nelle scuole dell'infanzia o nelle scuole *tout court*. Genitori, educatori e insegnanti hanno spesso a disposizione soltanto il racconto delle loro esperienze individuali, e non hanno sempre gli strumenti per affrontare la problematica sociale del bilinguismo.

Quest'opera mira a colmare questa lacuna, analizzando i vari aspetti del contatto tra lingue diverse. Non propone ricette e non prescrive "modelli di comportamento" per far fronte a questa o quell'altra particolarità del bambino bilingue. Piuttosto, alla luce della ricerca recente e delle mie personali riflessioni di genitore plurilingue, ciascun lettore cercherà la propria risposta alle domande che sorgono dalla sua situazione particolare.

1

Il meccanismo della lingua

Come impariamo a parlare?

Dai primi gridolini alla lallazione

Prima di rivolgerci allo sviluppo del bilinguismo nel bambino, proviamo innanzitutto a comprendere i meccanismi dell'acquisizione del linguaggio.

Tutti gli esseri umani sono dotati di un capitale genetico che permette loro di acquisire il linguaggio. Tuttavia, per imparare a parlare, il piccolo dell'uomo deve essere messo nella condizione di esercitare questo dono, deve, cioè, essere messo a contatto con qualcun altro dotato di parola che, parlandogli, inneschi il processo di acquisizione del linguaggio. L'antropologo Edward Sapir è stato il primo a sottolineare le determinanti socioculturali del linguaggio umano. Per lui, il linguaggio è una funzione "acquisita e culturale".[1] Il linguaggio è la nostra modalità di esseri umani di comunicare idee, emozioni e desideri per mezzo di un sistema di simboli. Non si tratta solo di un mezzo per codificare significati, ma anche di uno degli strumenti che ci permettono la comunicazione tra persone. Si parla agli altri per trasmettere e chiedere informazioni, influenzare, convincere. Per imparare a parlare, il bambino non dovrà solo estrarre parole da un flusso sonoro e riconoscere le regole grammaticali che reggono l'organizzazione delle parole, dovrà anche saper utilizzare le sottigliezze della sua lingua madre in situazioni appropriate. Senza dimenticare la prima condizione per l'acquisizione del linguaggio: il bambino deve aver voglia di comunicare con chi lo circonda.

1. Citato in G.L. Wyatt, *La relation mère-enfant et l'acquisition du language*, Mardaga, Bruxelles 1973, p. 26.

Ancor prima di saper pronunciare la prima parola, il bebè si esprime con dei gridolini. Essi servono a chiamare la madre (o chi la sostituisce), e hanno lo scopo di calmare la fame, sollecitare una presenza. La madre risponderà alle sollecitazioni del bambino con i gesti e le cure del caso. È con questa interazione, che lo psicanalista D.N. Stern ha chiamato "accordo affettivo",[2] che si costruiscono le fondamenta del linguaggio. Imparando a parlare, il bambino acquisirà anche gli atti fondamentali della comunicazione, come domandare, denominare, influenzare, convincere. Acquisirà la competenza linguistica una volta per tutte, grazie alle interazioni con le persone che lo circondano. Nello stesso tempo, man mano che i mesi passano, acquisirà delle competenze in una lingua, ovvero l'espressione specifica degli atti di comunicazione nella specifica lingua che è di sua madre, e dell'ambiente in cui vive. Queste ultime competenze sono uniche, se attorno al bambino si parla una lingua sola, e doppie o multiple, se si parlano due o più lingue: in questi casi, il bambino diventerà bi- o pluri- lingue.

Sappiamo oggi che il meccanismo di acquisizione della lingua materna entra in azione ben prima che il bambino produca la sua prima parola. Il primo compito del bambino sarà il riconoscimento di unità significative, di parole, nel flusso di suoni che lo circonda. Per esplorare le capacità percettive del bambino piccolo, la ricerca utilizza, da una trentina d'anni circa, un metodo ingegnoso. A partire dal bisogno di suzione del bambino, si è elaborato il metodo della "suzione non nutritiva": al bambino viene dato un ciuccio collegato a un misuratore, gli si fanno ascoltare dei suoni e si misura l'intensità di suzione a ogni cambiamento di suono. È stato così che un'équipe francese ha potuto mostrare che i bambini di appena qualche giorno di vita possiedono una percezione raffinatissima, dal momento che sono in grado di cogliere la differenza tra i fonemi /p/ e /b/, /t/ e /d/, oppure /g/ e /k/.

Un fonema è la più piccola unità di suono udibile che permette la distinzione tra una parola e l'altra. Ciò che i bambini sono stati in grado di distinguere nello studio in questione è un cambiamento di fonema, come tra "panca" e "banca", oppure "detto" e "tetto".

In più, i bambini sono molto sensibili alla prosodia[3] del discorso. È proprio grazie alla melodia della lingua che i neonati riconoscono la voce della loro mamma tra altre voci femminili, e le parole della propria lingua materna tra parole di altre lingue straniere, fonologicamente distanti dall'italiano, come il russo o l'inglese.

2. D.N. Stern, *Il mondo interpersonale del bambino*, tr. it. Boringhieri, Torino 1987.

3. La prosodia è l'insieme dei fenomeni di accentuazione e intonazione propri di una lingua (per esempio, nelle frasi interrogative).

Nel corso dei primi mesi di vita, i bambini sono in grado di riconoscere anche i suoni che mancano nella loro lingua madre. È stato rilevato, per esempio, che i bebè anglofoni sanno distinguere alcune differenze fonetiche dello hindi (una lingua parlata in India), che invece gli adulti anglofoni non sanno distinguere. La capacità di differenziare tra suoni di lingue che non sono parlate attorno a lui viene progressivamente persa dal bambino. Verso i 10-12 mesi, le capacità percettive si riorganizzano, fino a concentrarsi esclusivamente sui suoni della lingua materna.

I gridolini e i vocalizzi che i bambini emettono sin dalla nascita s'arricchiscono, con le settimane, per confluire, verso i 6 mesi, nella comparsa della lallazione. Si tratta di serie di consonanti e vocali ("babama", "mamama" ecc.) che rappresentano, nella fase iniziale, suoni presenti in tutte le lingue naturali esistenti. Prestissimo, però, nella lallazione si fanno strada delle differenze, finché la lallazione tende a rassomigliare sempre più alla lingua che circonda il neonato. Verso i 7 mesi, la lallazione dei bambini cinesi rassomiglia molto al cinese, mentre quella dei bambini americani e russi è costituita da sequele di consonanti e vocali piuttosto monotone, che rassomigliano all'americano e al russo.

Un'équipe francese[4] ha registrato la lallazione di bambini di 8-10 mesi appartenenti a diversi gruppi linguistici: francesi, inglesi, algerini e cantonesi. Queste registrazioni sono state fatte ascoltare ad adulti degli stessi gruppi linguistici. Gli adulti francesi hanno riconosciuto la lallazione dei bambini francesi, tra le lallazioni dei bambini esposti alle altre lingue.

Nello stesso periodo in cui viene prodotta una lallazione prossima alla lingua dell'ambiente circostante, le capacità percettive del bambino si specializzano per non riconoscere altro che i suoni appartenenti alla lingua del suo ambiente. L'orecchio diventa quindi un filtro che non lascia passare se non i suoni identici o analoghi a quelli esistenti nella lingua materna. Quindi, la pretesa perdita delle capacità percettive del bambino non è in realtà che una specializzazione, finalizzata a un migliore sfruttamento di capacità utili al prosieguo dello sviluppo della lingua materna.

Si tende a credere che, con la perdita delle capacità più estese, si ridurrà a zero la capacità di apprendimento di altre lingue "straniere" – alcuni difensori dell'apprendimento precoce si sono appoggiati ampiamente su quest'argomento.

Sappiamo oggi che questa diminuzione delle capacità percettive dei suoni non è irreversibile. Con allenamento e pratica intensivi, gli adulti

4. D. Boysson-Bardies, "Discernable differences in the babbling of infants according to target language", in *Journal of Child Language*, 11, 1984, pp. 1-15.

possono recuperare la capacità di distinzione che avrebbero "perduto" durante i primi mesi di vita. Non manca quindi la speranza di successo non solo per l'italiano che confessi di non essere dotato per le lingue, ma anche per il giapponese, di cui conosciamo l'incapacità di distinguere tra i fonemi /l/ e /r/.

Il primo lessico

È un punto fermo, negli studi sull'acquisizione, che la comprensione della lingua precede di molti mesi la sua produzione. Si sa che i bambini danno segni di comprensione verso gli 8-10 mesi, vale a dire quattro-cinque mesi prima della produzione della prima parola. Questa sfasatura tra comprensione e produzione permane nel tempo anche dopo la prima parola. Uno studio recente ha mostrato che bambini americani di 16 mesi sono in grado di comprendere il triplo delle parole che sanno pronunciare. La spiegazione di questa sfasatura da parte dei linguisti è che comprensione e produzione solleciterebbero capacità differenti: si tratterebbe, cioè, di due processi implicanti meccanismi cognitivi distinti. La comprensione lessicale si baserebbe su un'attività cerebrale più globale, che coinvolge entrambi gli emisferi, laddove la produzione lessicale coinvolgerebbe soltanto l'emisfero sinistro, quello del linguaggio.[5]

In media, i bambini pronunciano la prima parola riconoscibile tra gli 11 e i 13 mesi, continuando comunque la lallazione ancora per qualche mese.

Lo sviluppo del vocabolario, all'inizio, è abbastanza lento. Fino ai 18 mesi i bambini acquisiscono circa due parole alla settimana. Ci vogliono in generale dai quattro ai cinque mesi in più (tra i 18 e i 24 mesi d'età) perché raggiungano un repertorio di cinquanta parole – il primo lessico. Si tratta, beninteso, di un vocabolario riconoscibile per la madre e il padre, come "pa" per "palla". A partire dai 24 mesi, invece, il vocabolario si amplia a gran velocità, e questa "esplosione lessicale" ha luogo nella maggior parte dei bambini. A questa età compaiono anche le prime associazioni di due parole, e ciò segna l'inizio dell'acquisizione della grammatica. Per quel che riguarda il numero di parole prodotte, sono molto importanti le variazioni individuali. Alcuni bambini, a 24 mesi, non pronunciano che un centinaio di parole, mentre altri ne sanno già dire cin-

5. D. Bassano, "La constitution du lexique: le développement lexical précoce'", in M. Kail, M. Fayol, *L'acquisition du language: le language en émergence, de la naissance à trois ans*, PUF, Paris 2000, p. 140.

quecento: né l'uno né l'altro, tuttavia, si collocano al di fuori di uno sviluppo linguistico considerato "normale".

L'aumento nella produzione di parole è stato interpretato come il risultato di una maturazione del cervello e del sistema percettivo-articolatorio. Secondo la neuropsichiatra Paule Aimard, tuttavia, esso è causato anche dalla curiosità del bambino nei confronti del mondo che lo circonda.[6]

Un'altra spiegazione vuole che il bambino comprenda, abbastanza all'improvviso, che ogni cosa ha un nome: scoprirebbe, così, una particolarità del linguaggio stesso, ovvero il legame tra la forma sonora (la parola) e il referente (ciò a cui il nome si riferisce). Il linguaggio serve dunque a nominare ciò che fa parte della nostra realtà (e ciò che non ne fa parte). La rappresentazione mentale di un oggetto è immagazzinata nel cervello.

I molti studi, per lo più americani, condotti sul primo vocabolario dei bambini hanno consentito di stabilire alcune tappe di sviluppo, o "pietre miliari", che tutti i bambini della stessa età devono attraversare: esse permettono di valutare lo sviluppo del linguaggio e ne rivelano eventuali disfunzioni. Per valutare il linguaggio del bambino, si chiede alla madre di spuntare, su una lista già predisposta di parole, quelle che il suo bambino ha pronunciato. Dal momento che le prime scale sono state prodotte negli Stati Uniti, le parole in repertorio nelle liste si riferivano principalmente a oggetti (*car*, *bottle*, *ball* ecc.), poiché era stato osservato che i bambini americani, all'inizio dell'acquisizione, privilegiavano i nomi di oggetti.

Negli ultimi anni, il numero di studi sull'acquisizione del linguaggio al di fuori del continente americano è aumentato considerevolmente, coinvolgendo altre lingue oltre all'inglese. Ciò ha evidenziato che la natura delle prime parole dipende dalla lingua che il bambino sta acquisendo. In effetti, il primo lessico dei bambini francesi contiene più verbi (*donne*, *tiens*, *regarde*), rispetto al lessico dei bambini americani. In altre lingue, come il cinese o il coreano, le differenze sono ancora più notevoli e potrebbero essere una conseguenza della struttura interna di queste lingue e delle pratiche linguistiche delle relative comunità.[7]

Lo sviluppo della grammatica

Con la comparsa, verso i 2 anni, di frasi composte da due parole, comincia lo stadio in cui il bambino si appresta ad acquisire la sintassi, ovvero le regole per combinare parole in frasi. Da uno stile telegrafico, il lin-

6. P. Aimard, *L'enfant et son language*, SIMEP, Villeurbane 1982.
7. D. Bassano, *op. cit.*

guaggio del bambino si evolve rapidamente verso la costruzione di frasi complesse.

Si è pensato a lungo che il bambino apprendesse la lingua materna per imitazione, ovvero che provasse a riprodurre ciò che diceva l'adulto. Tuttavia, come affermano alcuni linguisti, i bambini non hanno occasione di sentir pronunciare, attorno a loro, che poche frasi formulate correttamente. In generale, infatti, la lingua parlata è costituita da ripetizioni, interruzioni, frasi incomplete. Malgrado questo, i bambini apprendono correttamente la grammatica della loro lingua materna. Devono quindi essere in grado, in primo luogo, di estrarre le regole della lingua a cui sono esposti dall'analisi delle regolarità presenti nelle strutture che sentono pronunciare; in secondo luogo, di creare nuove frasi; e in terzo luogo, di comprendere frasi che non hanno mai sentito pronunciare prima. Gli "errori" che tutti i bambini commettono, in questo stadio, sono una dimostrazione della loro creatività linguistica. Non si tratta, in realtà, di errori propriamente detti, ma di forme grammaticali create dal bambino. Egli costruisce, per così dire, la propria grammatica, che, man mano, adatterà a quella degli adulti. Ogni tappa dello sviluppo linguistico è caratterizzata da errori specifici, regolari, e identici presso tutti i bambini.

Per esempio, la sovragenerализzazione di una regola, come quella del participio passato, è frequente in questa fase dell'acquisizione: un bambino dirà "è corruto" (invece di "è corso"), secondo il modello di "ha bevuto". Egli avrà applicato, in questo modo, la regola generale del participio passato della seconda coniugazione a tutti i verbi, anche a quelli irregolari.

Questo tipo di osservazioni ha condotto il linguista Noam Chomsky ad affermare che gli esseri umani nascono con un dispositivo nel cervello, una struttura neuronale, che Chomsky ha chiamato Language Acquisition Device (LAD), in cui è, per così dire, inscritta una "grammatica universale" innata.[8] Malgrado le critiche che sono state rivolte a Chomsky per aver considerato il linguaggio soltanto in quanto sistema grammaticale, e malgrado questa struttura (il LAD) non sia stata (ancora?) trovata nel cervello, una gran parte dei linguisti e degli psicologi condivide oggi l'ipotesi innatista di Chomsky.

Un'altra corrente della linguistica sostiene che la sola esposizione alla lingua non sia sufficiente, e che è necessaria un'interazione con l'ambiente circostante perché possa formarsi il linguaggio. Lo psicologo Jerome S. Bruner ammette l'esistenza di una "grammatica universale", ma le annette un dispositivo di sostegno nell'ambiente del bambino, il Language

8. N. Chomsky, *Linguaggio e mente*, tr. it. Boringhieri, Torino 1969.

Acquisition Support System (LASS).[9] È l'ambiente che circonda immediatamente il bambino – la famiglia ristretta e, nelle nostre culture, soprattutto la madre – che dà al bambino la possibilità di acquisire la lingua materna. Vi sono momenti privilegiati di ripetizione, come il bagnetto, le pappe, la nanna, che equivalgono ad altrettanti rituali in cui la madre interagisce con il suo bambino secondo uno schema prevedibile e facilmente riconoscibile per il bambino. È grazie a queste interazioni ripetitive e cariche di emozioni, che coinvolgono persone dell'ambiente a lui più vicino, che il bambino potrà costruire il linguaggio.

Qualità e quantità dell'input linguistico

La necessità di interazione tra bambino e adulto, al fine dell'acquisizione della lingua materna, è dimostrata dai rari casi di "bambini selvaggi", che non hanno avuto accesso al linguaggio a partire dalla nascita. Il caso più noto è quello di Genie,[10] una bambina californiana che suo padre ha fatto vivere sequestrata fino all'età di tredici anni. Quando è stata ritrovata, Genie non aveva imparato a parlare, e negli anni che seguirono la sua liberazione, il suo linguaggio non ha mai superato lo stadio tipico di un bambino di due anni. Questo caso e altri simili mostrano che, sebbene l'essere umano sia dotato di un dispositivo innato per l'acquisizione del linguaggio, esso non si attiva se non si crea una situazione sociale che lo solleciti e, quel che è ancora più importante, questo dispositivo sembra limitato nel tempo. Ritorneremo sulla questione dell'esistenza di un periodo critico in un capitolo successivo.

Quel che ci interessa in prima battuta è sapere di quale natura e di quale durata debba essere l'interazione, perché il bambino possa acquisire il linguaggio. Altrimenti detto, esiste una soglia minima di input che il bambino deve ricevere, al di sotto della quale il linguaggio non è acquisito? I casi di bambini udenti, figli di genitori sordi, ci forniscono indicazioni preziose. Questi bambini sono poco esposti alla lingua parlata, dal momento che i loro genitori comunicano per lo più con la lingua dei segni. Sappiamo, grazie a uno studio americano,[11] che un bambino udente figlio di genitori sordi esposto al linguaggio solo attraverso la televisione

9. J.S. Bruner, *Going Beyond the Information Given*, Norton, New York 1974.

10. S. Curtiss, *Genie. A Psycholinguistic Study of a Modern-day "Wild Child"*, Academic Press, New York 1977.

11. J. Sachs, M. Johnson, "Language development in a hearing child of deaf parents", in W. von Raffler-Engel, Y. Lebrun (a cura di), *Baby Talk and Infant Speech*, Swets and Zeitlinger, Amsterdam 1976.

non impara a parlare. Sembra che la sola esposizione al linguaggio, senza che esso si rivolga al bambino, non sia sufficiente per innescare il dispositivo di acquisizione. In compenso, un contatto di cinque-dieci ore alla settimana con persone udenti sembra sufficiente perché un figlio udente di genitori sordi apprenda a parlare normalmente.[12]

Quanto alla quantità di input necessaria, le opinioni scientifiche sono divergenti.

Noam Chomsky afferma che i bambini possono avere occasione di ascoltare solo un linguaggio incompleto e non grammaticale e tuttavia acquisire il linguaggio, mentre altri ricercatori ribattono che gli adulti hanno generalmente cura di parlare correttamente ai bambini. Si sa che le madri adottano uno stile espressivo particolare, quando si rivolgono al loro bambino. Il "mammese" (*baby-talk* o *motherese* in inglese) si caratterizza per le sue frasi semplificate, le ripetizioni frequenti e soprattutto un certo carico nel timbro vocale, ovvero una voce più acuta. Per alcuni specialisti,[13] il "mammese" è essenziale per lo sviluppo emozionale e cognitivo ulteriore,[14] mentre altri insistono, piuttosto, sulla nocività di una semplificazione eccessiva del linguaggio, ovvero sull'uso esagerato di parole bambinesche ("fai pipì sul popò").

Notiamo, tuttavia, che il "mammese" non è universale: non esiste in tutte le lingue del mondo. Per questa ragione, il ruolo che gli si attribuisce nell'acquisizione del linguaggio può apparire esagerato.

Se nelle società occidentali l'interazione verbale con i bambini è valorizzata, esistono altre società dove ai bambini non ci si rivolge in modo diretto. Nelle isole Samoa, per esempio, parlare direttamente con un bambino è considerato una perdita di tempo, perché un bambino non ha niente da insegnare agli adulti. In altre società o gruppi sociali, non ci si rivolge ai bambini che per dare ordini o porre restrizioni, perché si ritiene che un bambino di 1 anno (o 2, 3 anni, a seconda delle rappresentazioni che ci si fanno delle sue capacità) non sia in grado di comprendere.

In tutti questi casi e in tutte le regioni del mondo, tuttavia, i bambini imparano a parlare la lingua materna.

La qualità dell'input non è identica in tutte le famiglie e in tutte le situazioni, persino in Occidente. Al di fuori di ogni considerazione sul-

12. N. Schiff-Myers, "Hearing children of deaf parents", in D. Bishop, K. Mogford (a cura di), *Language Development in Exceptional Circumstances*, Churchill Livingstone, New York 1988, pp. 47-61.

13. R. Shore, *Rethinking the Brain: New Insights into Early Development*, Families and Work Institute, New York 1977.

14. Lo sviluppo cognitivo è lo sviluppo dei processi mentali della memoria, del giudizio, della comprensione e del ragionamento.

l'opportunità del "mammese", o dell'interazione adulto-bambino, vi sono circostanze in cui i bambini sentono parlare, attorno a loro, una lingua grammaticalmente approssimativa. È il caso dei figli udenti di genitori non udenti. La lingua (orale) dei genitori sordi è presentata di solito come limitata nella grammatica e atipica nella pronuncia.[15] Malgrado la mediocrità della lingua ascoltata, i bambini finiscono per acquisire a perfezione la lingua materna, e sapranno ben comunicare con gli altri membri della comunità linguistica.

Tutti i linguisti concordano nel dire che nessun essere umano potrà mai ascoltare la totalità delle frasi possibili nella sua lingua, perché il numero delle frasi formabili in ciascuna lingua, a partire dalle parole, e combinandole tra loro, è quasi infinita. La "povertà dello stimolo" non è dunque un argomento a sfavore dell'acquisizione del linguaggio. Viceversa, essa può influire sulle competenze linguistiche del bambino nel lungo periodo, come vedremo.

Si possono aiutare i bambini a sviluppare il linguaggio?

Il periodo che va da 0 a 3 anni è fondamentale per l'acquisizione del linguaggio.

Alcuni studi hanno mostrato che una maggiore attenzione rivolta al linguaggio dai genitori e dal personale degli asili nido, durante questo stadio di sviluppo, favorisce lo sviluppo successivo delle competenze linguistiche e comunicative.

Parlare al proprio bebè durante i riti quotidiani (bagnetto, cambio del pannolino ecc.) sembra essenziale per un migliore sviluppo del linguaggio. Fino ai 3 anni, è soprattutto l'interazione diretta, faccia a faccia, con la madre o con chi la sostituisce che garantisce l'acquisizione del linguaggio a livello soddisfacente. Molti studi insistono sull'importanza dello sviluppo linguistico orale fino al raggiungimento di un livello elevato, come condizione anche per un apprendimento riuscito della lettura. Sottolineiamo anche l'importanza di variare le situazioni di interazione con il bambino, allo scopo di familiarizzarlo con le diverse funzioni sociali del linguaggio. Per esempio, è preferibile procurare al bambino situazioni di apprendimento autentiche, piuttosto che limitarsi a giochi o luoghi pensati miratamente per i bambini piccoli. Giocare con vere pentole in cucina in compagnia della mamma è più stimolante per il linguaggio che manipolare utensili di cucina giocattolo in un box.

15. D. Bishop, K. Mogford, *op. cit.*

Quando si parla con il bambino, è preferibile rispondere al messaggio che lui/lei ha voluto trasmettere, piuttosto che rivelarne gli "errori" di enunciazione, magari rispondendo con una formulazione corretta. Per esempio:

Bimba di 30 mesi: "Ha *prenduto* la bambola di Nanà".
Madre: "Ah sì? Ha *preso* la tua bambola?".

Allo stesso modo, si consiglia di familiarizzare il bambino con le lettere, le parole e le cifre non attraverso esercizi isolati – come se ne vedono purtroppo nelle attività di "risveglio alla lettura" – ma in situazioni di interazione con la madre in occasione della lettura di libri illustrati.[16] Che la lettura di libri illustrati sia importante per lo sviluppo linguistico – in particolare per lo sviluppo dell'alfabetizzazione – è stato sottolineato da un buon numero di lavori di ricerca.[17] Per alfabetizzazione (in inglese *literacy*, in francese *littéracie*), si intende la capacità di comprendere e utilizzare l'informazione scritta, sotto tutte le sue forme, nella vita di tutti i giorni. I libri propongono al bambino una varietà di vocabolario che non si trova nella lingua parlata; inoltre, è provato che le madri utilizzano un vocabolario più vario e più ricco durante la lettura che durante le attività quotidiane come il bagno o la pappa. In più, i momenti di lettura sono situazioni molto ripetitive che permettono al bambino di comprendere il significato delle parole guardando le immagini, senza parlare della complicità e dell'emozione che l'adulto e il bambino condividono in quei momenti.

Per concludere, ricordiamo che ciò che condiziona l'acquisizione del linguaggio è il desiderio di comunicazione con la madre, con le altre persone. Ricordiamo anche che il linguaggio è uno dei mezzi di comunicazione tra una mamma e il suo bimbo; altrettanto importanti sono il tatto e lo sguardo. Ogni lingua è accompagnata da una diversa gestualità, da uno sguardo differente. Il linguaggio stesso non ha la stessa importanza in tutte le culture.

Al giorno d'oggi, nei paesi occidentali, assistiamo a volte a un eccesso di stimolazione del bambino, dovuto alle conoscenze che abbiamo acquisito sulle competenze nei primi anni di vita. Nella corsa alla performance, si nasconde la forte tentazione di sovraccaricare il bambino e la comunicazione sensata scompare davanti a un'inondazione di parole, utilizzate per "insegnare" al bambino questo e quello.

16. A. Anning, A. Edwards, *Promoting Children's Learning from Birth to Five. Developing the New Early Years Professional*, Open University Press, Buckingham 1999.
17. A. Ninio, J.S. Bruner, "The achievment and antecedents of labelling", in *Journal of Child Language*, 5, 1978, pp. 1-15.

È così che alcune madri tendono a strafare, annegando i loro bambini in un flusso continuo di parole: è quello che il neuroscienziato Steven Pinker ha chiamato il comportamento nevrotico delle madri occidentali.[18]

@ ECCESSO DI STIMOLI

Ho sempre parlato molto con mio figlio. Quando era piccolo, gli spiegavo ciò che stavo facendo in cucina, quando ricevevo la posta gliela leggevo, quando lo portavo in macchina commentavo ciò che vedevo per strada, prima che potesse vedere da solo, nel suo seggiolino. Ma non si può dire che tutto ciò sia servito a farlo parlare presto! Oggi, a 2 anni e mezzo, produce frasi di due parole – ma con una pronuncia tale che sono l'unica a capirlo.[19]

Non dimentichiamo che il bambino piccolo ha bisogno di momenti di calma, e che un eccesso di stimolazione può avere effetti altrettanto nocivi della mancanza di stimoli. Il buon senso è d'obbligo, dunque, per trovare il giusto mezzo che garantisca lo sviluppo del bimbo nelle migliori condizioni.

Che cosa significa essere bilingui?

Dall'ideale alla realtà

Circa un secolo fa, linguisti come Leonard Bloomfield (1935) usavano descrivere il bilinguismo come il possesso di due lingue e la capacità di parlare ciascuna altrettanto bene che un monolingue. Si può dire che questa nozione di perfezione è rimasta in voga, presso l'opinione pubblica. Ma che cosa significa "possedere" una lingua? In una data popolazione, possono esserci persone che possiedono la stessa lingua a livelli di competenza diversi, in funzione sia dei loro bisogni specifici, sia del loro ambiente socioculturale.

Le stesse persone, se fossero bilingui, non avrebbero la stessa competenza in entrambe le lingue che parlano. Si potrebbe forse dire che gli uni siano "meno bilingui" degli altri?

18. S. Pinker, *L'istinto del linguaggio. Come la mente crea il linguaggio*, tr. it. Mondadori, Milano 1997.

19. Tratto da un forum di discussione tedesco.

Come osserva lo psicolinguista François Grosjean,[20] se si dovessero considerare bilingui soltanto coloro che possiedono tutte le competenze linguistiche in ciascuna delle due lingue, la maggior parte delle persone che utilizzano quotidianamente due o più lingue non potrebbe considerarsi tale. Alcuni non hanno che la competenza orale in una lingua, e la competenza scritta nell'altra; altri parlano quotidianamente due lingue, ma con livelli di competenza differenziati, senza magari sapere né leggere né scrivere in nessuna delle due. Sono rare le persone che padroneggiano alla perfezione, a livello orale o scritto, due (o più) lingue. Il livello di competenza in ciascuna lingua dipende inevitabilmente dall'età della persona bilingue presa in considerazione: un bambino di 6 anni non può padroneggiare due lingue (per la verità, neanche una) allo stesso modo di un adulto; non diversamente, un adulto utilizzerà livelli linguistici diversi, a seconda della sua situazione professionale e sociale.

È raro il bilinguismo *equilibrato*, per la semplice ragione che, in una società monolingue, praticamente non esistono occasioni per utilizzare indifferentemente l'una lingua o l'altra in tutte le situazioni della vita quotidiana. Esiste in generale uno squilibrio tra le due lingue, perché il bilingue ne usa ciascuna in ambiti differenti o in attività differenti – per esempio, una a casa, una al lavoro.

Per Grosjean, la nozione di "squilibrio", per cui il bilingue avrebbe una competenza incompleta in ciascuna lingua, non ha senso se non da un punto di vista monolingue. Questa interpretazione non tiene conto del fatto che il bilingue utilizza le sue due lingue ai fini della comunicazione in situazioni correnti. In una prospettiva di competenza comunicativa, il bilingue comunica altrettanto bene che il monolingue, nella vita quotidiana. Converrebbe quindi avvicinarsi alla questione del bilinguismo non tramite la misura della perfezione della competenza nelle due lingue, ma piuttosto guardando con attenzione alla competenza comunicativa nella vita di tutti i giorni.

Pietra miliare fondamentale: la competenza comunicativa

Il solo confronto possibile con i monolingui è quello che avviene sulla base della competenza comunicativa. Il bilingue è, non meno che il monolingue, un essere comunicante e come tale deve sviluppare una compe-

20. F. Grosjean, "Le bilinguisme et le biculturalisme. Essai de définition", in *Bilinguisme et biculturalisme. Théorie et pratiques professionelles*, Actes du 2e colloque d'ortophonie/logopédie, Neufchâtel, 17-18 settembre 1992.

tenza comunicativa uguale a quella del monolingue. Per il bilingue, la comunicazione assume forme differenti: si serve ora dell'una, ora dell'altra, ora delle due lingue allo stesso tempo – in un parlare bilingue – a seconda della situazione, dell'interlocutore, del soggetto.

Per mostrare l'insensatezza della valutazione di un bilingue secondo norme monolingui, prendiamo in prestito, insieme a François Grosjean,[21] un'immagine dallo sport. Un corridore dei 110 metri a ostacoli combina le competenze del saltatore in alto e dello sprinter, sicché la sua è una competenza nuova. Allo stesso modo in cui non verrebbe in mente a chi conosca l'atletica di comparare le competenze del saltatore e dello sprinter, non si può definire il bilingue come "due monolingui in una persona sola". Il bilinguismo non è semplicemente una giustapposizione di due competenze linguistiche, ma piuttosto uno stato particolare di competenza linguistica che non si può valutare nei termini della norma monolingue.

Nella prospettiva di una comunicazione riuscita, l'individuo bilingue va considerato come in evoluzione nel corso del tempo, con competenze che fluttuano nell'una e nell'altra lingua seguendo l'età, l'ambiente sociale e geografico. Situazioni nuove possono esigere lo sviluppo di nuove competenze in una lingua, o l'abbandono di altre competenze nell'altra. Anche l'esigenza di usare in maniera prevalente una lingua sola "al modo di un monolingue" può diminuire le competenze nell'altra lingua, fino a portarla alla dimenticanza, se il suo uso non corrisponde a bisogni reali. Al punto che si stima che la sopravvivenza delle competenze bilingui di persone che vivono in una società monolingue raramente è assicurata al di là della seconda generazione.

@ TRASMETTERE IL BILINGUISMO[22]

Mi sarebbe tanto piaciuto trasmettere il mio bilinguismo ai miei figli, ma è proprio a quel punto che si è manifestato un handicap... Ci ho provato, ma non sono stata in grado di perseverare. Il bilinguismo di "seconda generazione", come lo chiamo io, è, a mio parere, ben più difficile da trasmettere della buona vecchia lingua madre che si parla al proprio bambino...

21. F. Grosjean, *op. cit.*, p. 15.

22. Tutte le testimonianze contenute in questo libro, citate nel testo con questo tipo di riquadro, provengono dal forum di discussione presente all'indirizzo www.enfantsbilingues.com o da comunicazioni all'autrice, salvo le eccezioni che saranno indicate.

I diversi tipi di bilinguismo secondo l'età e l'ambiente di appartenenza

Il bilinguismo che più impressiona è quello dei bambini. Acquisito grazie alla presenza di due lingue nell'ambiente immediatamente circostante, il bilinguismo è *precoce* e *simultaneo* se due lingue sono presenti dalla nascita; è *precoce* e *consecutivo* se la seconda lingua è introdotta nell'ambiente del bambino dopo i 3 anni. Se il contatto con una seconda lingua comincia dopo i 6 anni, i meccanismi dell'apprendimento, diversi da quelli dell'acquisizione, conducono a un bilinguismo *tardivo*.

Diversi fattori determinano lo sviluppo del bilinguismo nel bambino. Se è vero che l'inizio dell'acquisizione delle due lingue, nel bambino piccolo, è sempre innescata dalla necessità di interagire con persone che non parlano tutte la stessa lingua, le diverse fasi di sviluppo del linguaggio "bilingue" sono condizionate dall'età del primo contatto con la seconda lingua; mentre il livello di competenza raggiungibile nell'una e nell'altra lingua è soggetto a condizioni di natura sociale.

Come spiega François Grosjean, la causa diretta del bilinguismo del bambino è dunque sempre il bisogno di comunicare con persone che non parlano tutte la stessa lingua. È il caso, per esempio, dei bambini che nascono in Tanzania, che diventano trilingui prima dell'adolescenza, poiché parlano la lingua locale in famiglia, lo swahili nella scuola elementare e l'inglese nella scuola secondaria; o quello dei bambini Yaquis in Arizona, che in famiglia parlano lo yaquis, mentre usano lo spagnolo per comunicare con i compagni di gioco, e l'inglese a scuola.

Un bambino i cui genitori non parlano la stessa lingua ha forti probabilità di sviluppare un bilinguismo *equilibrato*, a condizione che i genitori si spartiscano i compiti quotidiani in parti uguali. Questo equilibrio si perderà a partire dal momento in cui il bambino comincerà a frequentare un ambiente monolingue: asilo nido, scuola dell'infanzia ecc. Una delle due lingue si indebolirà, mentre la lingua della maggioranza monolingue diventerà, per il bambino, dominante. Che una lingua resti *prevalente* o *forte*, mentre l'altra diventi *minoritaria* o *debole* dipende dunque dall'ambiente che circonda il bambino, a più stretto contatto. I genitori dovranno fare uno sforzo supplementare per mantenere in buona forma le competenze linguistiche della lingua minoritaria, in modo da controbilanciare la tendenza naturale di tutti i bambini a non conservare una lingua senza una buona ragione.

Le competenze intellettuali: bilinguismo additivo, neutro e sottrattivo

La frequentazione di una scuola monolingue contribuirà allo squilibrio del bilinguismo, laddove invece una scuola bilingue favorirà lo sviluppo di competenze supplementari nella seconda lingua, come, per esempio, la lettura e la scrittura.

Perché la comunicazione sia possibile, sono necessarie almeno due competenze: comprendere e parlare. Esse possono poi essere estese alla conoscenza della lettura e della scrittura. Tali competenze linguistiche esigono competenze cognitive (intellettuali) a livelli diversi. La cognizione (l'insieme delle attività intellettuali) è poco sollecitata in una situazione di comunicazione concreta, per esempio nel salutare qualcuno, laddove la redazione di un saggio di filosofia necessita di competenze cognitive elevate.

La comunicazione "contestuale", poco esigente sul piano cognitivo, caratterizza gran parte della nostra quotidianità, laddove competenze cognitive più elevate sono necessarie nel quadro dell'istruzione, per esempio. Una persona bilingue non possiede necessariamente tutti questi livelli di competenza in tutte e due le lingue. Può darsi che le sue competenze in una delle lingue si limitino alla comunicazione concreta ("passami il sale"), mentre potrebbe essere in grado di redigere un articolo giornalistico nell'altra: sarà allora un *bilingue dominante*. Il livello di sviluppo di ciascuna lingua determina il tipo di bilinguismo e il suo effetto sullo sviluppo cognitivo. Il bilinguismo sarà *additivo* se tutte le competenze cognitive sono sviluppate in entrambe le lingue, *neutro* o *sottrattivo* se le competenze sono sviluppate in modo ineguale.

Lo sviluppo è legato allo status delle lingue?

Lo sviluppo di un bilinguismo additivo, neutro o sottrattivo è determinato in parte dal modo in cui le lingue sono distribuite nell'ambiente circostante più vicino, in parte dalla natura delle lingue con cui si viene a contatto. Un bambino che cresca con una madre anglofona e un padre italiano ha più probabilità di sviluppare un bilinguismo soddisfacente, rispetto a un bambino che ascolti suo padre parlare in ceco e sua madre parlare in italiano. L'inglese è una lingua internazionale (ovvero è parlata in diverse parti del globo da un numero importante di parlanti) e il suo apprendimento è considerato importante nella società. È per questa ragione che il bilinguismo italiano/inglese gode di un certo qual vantaggio presso l'opinione pubblica. Diversamente vanno le cose per la lingua ceca (o qualunque altra lingua di minor prestigio che l'inglese). Non essendo il ceco una lingua internazionale (secondo i criteri appena esposti), la conoscenza del ceco è considerata in Italia un sapere superfluo, che non accresce il valore di chi ne dispone, sul mercato del lavoro. La conoscenza di una lingua "minore" – questa è la dizione con cui in Francia si classificano le lingue viventi diverse dall'inglese, dal tedesco e dallo spagnolo – può persino esser vista da alcuni come un handicap nell'apprendimento del francese!

Lo status di una lingua e l'atteggiamento verso il bilinguismo sono fattori macrosociologici che condizionano, quindi, lo sviluppo del bilinguismo.

2

Diventare bilingue

Funzionamento e conseguenze

Effetti nefasti del bilinguismo: i pregiudizi sono tenaci

Dei 224 stati del mondo, soltanto 29 si possono considerare davvero monolingui.[1] Nonostante questo, che è un fatto, l'idea dell'effetto negativo del bilinguismo precoce è stata forte, nell'inconscio collettivo, inquietandolo per anni e anni. Gli effetti di questo pregiudizio si possono vedere ancora oggi in alcuni ambienti. La causa di tutto ciò è il misconoscimento del bilinguismo. La Francia, l'Italia – più in generale l'Europa – non sono paesi in cui il multilinguismo è la norma, ma proprio questo, a maggior ragione, motiva l'interesse per lo studio del fenomeno.

I primi studi condotti sul bilinguismo precoce sono stati americani. Fino agli anni Sessanta, questi studi hanno rilevato un'influenza nefasta del bilinguismo sull'"intelligenza" dei bambini. Uno studio tipico dell'epoca è quello del 1923 di D.J. Saer,[2] che sottoponeva bambini bilingui e monolingui a test verbali di intelligenza. Comparando i risultati ottenuti da 1400 bambini tra i 7 e i 14 anni, provenienti da ambienti bilingui e monolingui, egli riscontrò una superiorità di dieci punti tra il QI (quoziente di intelligenza) dei bambini monolingui rispetto a quello dei bambini bilingui. Il problema di questo studio – e di altri successivi – sta nella natura dei test di intelligenza a cui i bambini venivano (e ancora vengono) sottoposti. Questi test misurano, in generale, una parte infima dell'intelligenza (quella che ha a che fare con il rendimento scolastico) ed esprimono una visione caratteristica delle classi medie delle società occidentali.[3]

1. J. Lefevre, http://tlfq.ulaval.ca/axl/Langues/1div_recens.htm.
2. Citato in C. Baker, *Foundations of Bilingual Education and Bilingualism*, Multilingual Matters Ltd., Clevedon 2001.
3. C. Baker, *op. cit.*, p. 137.

Questi studi, anteriori agli anni Sessanta, mancavano semplicemente di rigore scientifico: erano centrati sulla comparazione dei risultati ottenuti da figli di immigrati nei test di inglese, ovvero in una lingua che stavano cominciando ad apprendere, rispetto ai risultati ottenuti, sempre in inglese, da bambini anglofoni. Per di più, la classe sociale da cui i bambini provenivano non era presa in considerazione. Niente di strano, quindi, in queste condizioni, che i risultati si fossero rivelati disastrosi per i bambini "bilingui". Si credette di dimostrare così che questi bambini andavano incontro a "confusione mentale", che presentavano "handicap linguistici", e che in loro si potevano riscontrare sentimenti di sradicamento e persino disturbi della personalità.

È solo da una quarantina d'anni a questa parte che una ricerca più imparziale, con metodologie rigorose, riconosce le influenze benefiche, o neutre, sullo sviluppo del bambino, da parte di una seconda lingua. Nondimeno, malgrado queste scoperte, l'impatto dei primi studi sull'opinione pubblica è stato così importante che ancora oggi il bilinguismo infantile è circondato da mille paure e pregiudizi.

Regolarmente incontriamo genitori, o operatori dell'infanzia nelle cui menti alberga, anzi domina, la paura della "confusione mentale" del piccolo bilingue. Ecco che cosa ho letto in alcuni forum su Internet: "Sarò presto mamma, e questo mi preoccupa profondamente, perché quando vedo quanto un bambino possa essere turbato dall'apprendimento di due lingue, non so veramente come fare". Oppure: "Per quanto riguarda la lentezza dei bambini bilingui, è normale che ci mettano più tempo, visto che devono assimilare due lingue, al posto di una! Si tratta di un lavoro maggiore per il loro cervello e per il loro sviluppo...". O ancora: "Ho sentito dire da un esperto che un bambino a contatto permanente con due lingue diverse, per esempio l'inglese e il francese, non imparerebbe a distinguere appropriatamente tra le due lingue, e finirebbe per parlare il franglese". Paura quindi della mescolanza, come portato di confusione mentale: ciò che è agli antipodi di ciò su cui si basano le capacità cognitive necessarie a una vita adulta aperta.

La nozione di confusione rimanda all'idea dell'"ibrido, del meticciato, della condizione di bastardo, della perdita di purezza originale della lingua, in qualche modo", secondo la formulazione della linguista Christine Deprez.[4] Secondo i più, la mescolanza delle lingue metterebbe in pericolo l'apprendimento della lingua francese, e il francese è importante per l'uguaglianza di opportunità e per la riuscita scolastica in Francia. Lo stesso ragionamento vale per l'italiano in Italia.

4. C. Deprez, *Les enfants bilingues: langues et familles*, Didier, Paris 1999, p. 112.

L'organizzazione delle lingue nel cervello

Di solito si immagina la lingua come un'entità delimitata, situata in un luogo specifico del cervello. Si immagina anche che una seconda lingua appresa nello stesso periodo si possa rappresentare come un secondo insieme delimitato, che si collocherà accanto al primo, e che la terza vada a sua volta ancora altrove, e così via.

Se si volesse rendere visivamente la competenza linguistica, come la percepisce il non-specialista, la si potrebbe comparare alla costruzione di due case su uno stesso terreno.

Prendiamo dunque un terreno dato – l'equivalente dell'area del cervello riservata al linguaggio – sul quale si vogliano erigere due case giustapposte. La costruzione sarà condizionata dal fatto che le due case vengano ultimate insieme, e che sia però disponibile un solo muratore per terminare i lavori. Visto che una persona non può essere in due posti diversi nello stesso momento, quando il muratore costruirà una delle case, bisognerà per forza che interrompa la costruzione dell'altra. Peraltro, il muratore rischia anche di utilizzare i materiali destinati a una casa, per costruire un muro o un soffitto dell'altra, e viceversa. La conclusione che si impone, allora, è che come una sola persona non può costruire due case nello stesso periodo, un bambino non può acquisire due lingue simultaneamente. Se questo accade, vuol dire che le due case sono state costruite in modo incompleto.

Al di là della rappresentazione immaginata, come stanno davvero le cose? Sappiamo che il linguaggio è processato in gran parte nell'emisfero sinistro del cervello, ma che alcuni comportamenti linguistici, come la memoria per le canzoni o per le poesie, sono trattati nell'emisfero destro. Si tratta dunque di capire in che regione del cervello siano processate le ulteriori lingue acquisite durante l'infanzia o nel corso della vita.

I progressi tecnologici di questi ultimi anni hanno consentito una migliore comprensione del funzionamento del cervello: è stato possibile vedere quali regioni "lavorano" quando una persona racconta qualcosa o ascolta una voce registrata. Grazie alla tecnica di *neuroimaging* chiamata Risonanza Magnetica Funzionale (IRMf), si sono potute studiare le risposte del cervello al discorso, persino nei bambini piccoli.

Osservando il cervello di adulti bilingui che hanno appreso la seconda lingua tardivamente, si è potuto constatare che il centro di trattamento della seconda lingua, in questo caso, si trova in regioni del cervello diverse; per di più, le regioni attivate sono assai variabili tra un individuo e un altro. Questo potrebbe spiegare la grande diversità nelle competenze in L2 (lingua seconda) degli adulti bilingui tardivi.

Nei bilingui precoci, invece, ovvero in coloro che hanno incontrato le due lingue prima dei 6 anni di età, le regioni del cervello che processano il linguaggio sono praticamente sovrapposte, il che significa che le due lingue sono trattate come una sola. Si è scoperto inoltre che la fissazione delle lingue nel cervello differisce anche in funzione del grado di bilinguismo. Nel bilingue incompleto (ovvero con una lingua dominante), la seconda lingua è processata in altre regioni del cervello: viceversa, quanto più una seconda lingua è ben padroneggiata, tanto più la si processerà nelle stesse regioni della lingua madre. La ricerca in neurolinguistica non è che agli inizi, e ci vorranno ancora anni di studi appassionati per capire se esiste davvero una differenza nel trattamento del linguaggio tra monolingui e bilingui.

Il fatto che le due lingue siano trattate nella stessa regione del cervello nel bilingue precoce potrebbe fornire al profano una spiegazione per la confusione delle lingue. Per meglio comprendere come funzionano i bilingui, andiamo a guardare allora più da vicino l'organizzazione delle rappresentazioni mentali rispetto all'organizzazione delle lingue.

Le rappresentazioni mentali e il linguaggio

Ciascun oggetto che esiste nella realtà può essere nominato tramite una parola, a cui esso si lega. L'evocazione di un oggetto, anche in sua assenza, fa apparire davanti al nostro occhio interiore un'immagine che lo rappresenta. Quando parliamo di un cane, riusciamo a rappresentarci l'animale, anche in sua assenza. Le rappresentazioni mentali degli oggetti sono immagazzinate nel cervello.

Ora, la stessa rappresentazione mentale di un oggetto (ciò che si chiama il *referente*, o il *significato*) è legata, in un'altra lingua, a un'altra parola. Ci si è dunque domandati se, nel bilingue, le rappresentazioni mentali di ciascuna lingua siano immagazzinate in due sistemi indipendenti o se questi (due o più) sistemi non siano piuttosto interdipendenti gli uni dagli altri.

I primi studi hanno avanzato l'ipotesi che le lingue fossero immagazzinate diversamente nel cervello in funzione dell'età del bambino al momento dell'introduzione della seconda lingua: i bilingui precoci possederebbero un sistema interdipendente (il bilinguismo sarebbe allora chiamato *composto*), mentre i bilingui tardivi possederebbero due sistemi separati (bilinguismo *coordinato*).

Il bambino bilingue coordinato possederebbe due sistemi linguistici e due rappresentazioni mentali separati e si comporterebbe come un parlante nativo in ciascuna lingua. Per un bilingue italiano/francese, per esempio, il segno linguistico “fleur” (“fiore”, in francese) sarebbe associato con la rappresentazione mentale “FLEUR”; in più, il segno linguistico “fiore” sarebbe associato alla rappresentazione mentale “FIORE”.

Il bilingue composto, invece, (in un caso di bilinguismo precoce) possederebbe due sistemi di codificazione, dunque due segni linguistici, “fleur” e “fiore”, per un unico sistema di rappresentazioni mentali della realtà (di un fiore, nel nostro caso), che potremmo qui rappresentare come “FLEURFIORE”.[5]

La ricerca è molto progredita nell’ultimo decennio, nella comprensione dell’organizzazione del linguaggio durante i primi anni dell’acquisizione delle due lingue. I suoi risultati non confermano né l’ipotesi della dipendenza (bilinguismo composto), né quelli dell’indipendenza (bilinguismo coordinato) dei sistemi linguistici. Bisogna piuttosto pensare a un modello integrato grazie al quale il bambino bilingue ha accesso ai due sistemi linguistici distinti, che però interagiscono, a livello del sistema indipendente, alla base delle rappresentazioni mentali.

Dovendo dare un’immagine di come è organizzato il linguaggio nel bambino bilingue, il linguista e glottodidatta canadese Jim Cummins[6] propone quella di un iceberg con due vette. La competenza linguistica – inclusi i concetti (come il possesso, l’interrogazione, la negazione ecc.) e le rappresentazioni non verbali (le immagini) – corrisponde alla parte immersa dell’iceberg. Le due vette visibili, invece, rappresentano i distinti sistemi linguistici (parole, grammatica, fonologia) delle lingue A e B. Indipendentemente dalla lingua utilizzata per parlare, leggere, scrivere, ascoltare, i pensieri (ogni attività non verbale) che accompagnano questa attività linguistica sono tratti da una base unica costituita dalla parte immersa.

Così come non impara due volte a camminare, il bambino impara a parlare una volta sola: impara a effettuare atti di comunicazione (per esempio, domandare, esigere, raccontare), a nominare ciascuna componente del mondo circostante. Egli apprende anche che gli oggetti hanno nomi diversi, secondo le persone che li nominano, o secondo il luogo in cui si trovano: prende coscienza dell’esistenza di due sistemi linguistici, e diviene bilingue. Per parlare, ovvero per utilizzare uno dei sistemi linguistici di cui dispone, il bilingue deve “disattivare” totalmente l’altro sistema (o gli altri sistemi).

5. E. Harding, Ph. Riley, *The Bilingual Family*, Cambridge University Press, Cambridge 1999.
6. J. Cummins, “Linguistic interdependence and the educational development of bilingual children”, in *Review of Educational Research*, 1979, p. 49.

Questo “lavoro” supplementare di cui il cervello del bilingue deve farsi carico, a differenza del cervello del monolingue, è al centro della questione dell’influenza del bilinguismo sull’intelligenza del bambino.

Si può misurare l’influenza del bilinguismo sull’intelligenza?

La questione dell’impatto del bilinguismo sull’“intelligenza” è stata trattata da diverse correnti di ricerca. Il concetto stesso di intelligenza e la validità dei test per misurarla sono sempre stati al centro di dibattiti appassionati. Definita come l’“insieme delle funzioni mentali aventi per oggetto la conoscenza concettuale e razionale (e non la sensazione e l’intuizione)”,[7] l’intelligenza è intesa dagli uni come una dimensione della personalità che rimane immodificabile dalle influenze esterne, dagli altri, invece, come modificabile dalle esperienze che hanno luogo nella vita dell’individuo (la famiglia, l’educazione, la cultura). Uno dei dibattiti si concentra sulla questione se l’intelligenza sia divisibile in componenti differenti: come l’intelligenza linguistica, matematica o musicale, per esempio. Un altro tema assai discusso è la misurabilità di tutte le forme di intelligenza con un test “su carta”, che ammetta per ogni questione un’unica soluzione, corretta e accettabile.

Quando si misurano l’intelligenza verbale e non verbale di un bilingue, il test non tiene conto delle componenti culturali dell’esposizione a ciascuna lingua. D’altra parte, per misurare l’intelligenza verbale, si fa uso di una lingua sola, ciò che può risultare problematico nel soggetto bilingue che non padroneggia entrambe le lingue allo stesso modo. Notiamo inoltre che i test riflettono una rappresentazione dell’intelligenza particolare, quella della classe media della società occidentale:[8] la loro validità è quindi discutibile quando li si applica a individui socializzati in altri ambiti culturali.

Imparando a parlare, il bambino diviene membro della sua comunità. La lingua gli è trasmessa insieme (e attraverso) pratiche culturali che sono proprie di quella comunità. La cultura del gruppo determina la quantità e la qualità dell’apporto linguistico fornito al bambino. È dimostrato che le pratiche culturali che circondano l’acquisizione del linguaggio influenzano lo stile di pensiero e di risoluzione dei problemi del bambino, come pure le sue interazioni sociali. Quindi, per esempio, i bambini na-

7. Terminologia utilizzata in neuropsicologia e neurologia del comportamento. Ricerca e redazione Louise Bérubé, 1991.

8. C. Baker, *op. cit.*, p. 137.

vajos hanno più difficoltà dei bambini anglofoni nella classificazione degli oggetti per colore, ma eccellono nella categorizzazione per forma: ciò è dovuto all'esistenza, nella lingua navajo, di morfemi (elementi che contribuiscono a dare forma alle parole) relativi alla forma degli oggetti.[9]

L'aspetto culturale è dunque determinante per lo sviluppo del linguaggio, e più in particolare per lo sviluppo del bambino bilingue. Agli antipodi delle ricerche anglosassoni sui figli di immigrati e dei loro risultati negativi, le monografie di linguisti come J. Ronjat e W.F. Leopold[10] avevano per oggetto lo sviluppo dei propri figli, allevati in ambiente bilingue. Questa volta, un bilinguismo d'élite, che riguarda lingue come il francese, il tedesco, l'inglese, renderebbe i bambini più "intelligenti", al contrario dell'altro bilinguismo, che riguarderebbe la grande maggioranza dei bilingui e, coinvolgendo lingue di minor prestigio, rinchiuderebbe i bambini in un "handicap"!

Sia l'uno sia l'altro argomento sono stati sfruttati ampiamente per fornire armi ai difensori e agli avversari del bilinguismo precoce.

Nel 1962, due ricercatori canadesi[11] furono i primi a studiare in maniera rigorosa due gruppi di bambini dell'età di 10 anni, provenienti dalla regione di Montréal, selezionati accuratamente in base al quoziente intellettivo, l'origine socioeconomica e il bilinguismo. I ricercatori compararono i risultati di test d'intelligenza verbale e non verbale di bambini bilingui francese/inglese e di monolingui anglofoni. Lo studio si concluse evidenziando un netto vantaggio dei bambini bilingui, che i ricercatori motivarono sulla base di una maggiore "flessibilità cognitiva" da parte dei bambini che hanno l'abitudine di passare da un sistema di simboli all'altro. Il "lavoro" di attivazione e disattivazione dei sistemi linguistici sarebbe una sorta di ginnastica del cervello, che ne aumenterebbe il rendimento.

Sebbene questo studio abbia costituito un punto di svolta nella ricerca sull'intelligenza dei bambini bilingui, anch'esso non manca di pecche. La prima critica che gli si può rivolgere è che i centodieci bambini del campione sono stati selezionati tra 354 bilingui, in ragione del loro bilinguismo equilibrato. I bambini bilingui in grado minore, dunque, sono stati esclusi dal campione. Bisognava domandarsi se i bambini dal bilinguismo equilibrato non avessero sviluppato questo livello di bilinguismo proprio a causa di attitudini intellettuali particolari, in alternativa alla

9. B.T. Bowman, M.S. Donovan, M.S. Burns (a cura di), *Eager to Learn: Educating our Preschoolers*, Committee on Early Childhood Pedagogy, National Research Council, Washington, DC, 2000.

10. J. Ronjat, *Le développement du language observé chez un enfant bilingue*, Champion, Paris 1913; W.F. Leopold, *Speech Development of a Bilingual Child*, 4 voll., Northwestern University Press, Evanston, IL, 1939-1949.

11. Citato in J.-F. Hamers, M. Blanc, *Bilinguisme et bilingualité*, Mardaga, Bruxelles 1984, p. 91.

spiegazione per cui sarebbe stato il loro particolare bilinguismo ad aumentarne le attitudini intellettuali.

Le risposte a questa domanda non sono univoche. Di fatto, in funzione dei compiti richiesti ai bambini in test diversi, i risultati parlano a volte di un vantaggio derivante dal bilinguismo, a volte di un effetto neutro.

Esistono anche studi che non hanno riscontrato alcun beneficio derivante ai bambini dal loro bilinguismo, mentre altri hanno dimostrato un vantaggio dei bilingui solo in alcuni compiti e in alcune lingue. Alcuni ricercatori pensano che una superiorità cognitiva esista solo nel caso di bilinguismo equilibrato, ovvero con un'uguale competenza del bambino, nelle due lingue. Un bilinguismo squilibrato, invece, ovvero con una lingua dominante – che è poi peraltro la forma più diffusa di bilinguismo – non avrebbe alcuna influenza sul livello intellettivo del bambino. Inoltre, è un fatto che la maggior parte degli studi che concludono parlando di un effetto negativo del bilinguismo sono stati condotti su bambini appartenenti a minoranze linguistiche che si trovavano nella condizione di dover apprendere, volenti o nolenti, la lingua della maggioranza. Viceversa, gli studi che riferivano di un rapporto positivo tra bilinguismo e capacità intellettive erano condotti all'interno di gruppi in cui il bilinguismo era valorizzato, e in cui le lingue erano lingue di prestigio per l'ambiente sociale circostante.

La divergenza di questi risultati incita alla prudenza, quando si tratta di mettere in relazione bilinguismo e sviluppo intellettivo, sia in un senso, sia nell'altro. Accade che siano in gioco troppi parametri non controllabili quando si vogliono confrontare gruppi di bambini bilingui e monolingui. È per questo che la ricerca tende oggi a interessarsi di più a campi più estesi, come gli stili di pensiero o le strategie di apprendimento nei bilingui.

Gli altri effetti del bilinguismo

Si è visto che i bambini bilingui hanno un pensiero meno normato e più creativo, flessibile, aperto. Questo pensiero divergente o creativo[12] si oppone a un pensiero convergente: la differenza tra i due sta nella quantità di soluzioni a un problema che una persona è in grado di trovare. Quando si domanda a una persona, per esempio, di immaginare gli usi diversi di un mattone, la persona dallo stile di pensiero convergente enumererà

12. C. Baker, *op. cit.*

usi convenzionali, come costruire un muro, una casa, un forno. La persona dallo stile di pensiero divergente, al contrario, troverà usi originali, come tappare un buco dove abitano dei topi, rompere un vetro, rendere stabile un tavolo.

Gli studi che si interessano allo stile di pensiero dei bilingui partono dall'ipotesi che il possesso di due sistemi di rappresentazione mentale aumenti la flessibilità e l'originalità del pensiero. Il bilingue ha due parole per un solo oggetto o per una sola idea, il suo campo semantico per lo stesso oggetto è dunque più ampio di quello di un monolingue. Lo psicosociologo britannico Colin Baker cita l'esempio dell'inglese e del gallese.[13] In gallese, "scuola" si dice "ysgol", e questa parola significa anche "scala". Un bilingue inglese/gallese avrà dunque un'immagine supplementare per pensare alla scuola: quella della scuola come una scala. A questa domanda, ovvero se il possesso di due o più parole per un solo oggetto (o contenuto, o idea) permetta un pensiero più creativo e più originale, dunque più libero, si sono interessati gruppi di ricerca di paesi diversi e di lingue diverse. I risultati dimostrano che i bambini bilingui hanno effettivamente uno stile di pensiero più creativo e divergente rispetto ai monolingui. Notiamo tuttavia che questi studi sono condotti in contesti in cui il bilinguismo gode di un certo qual prestigio.

Un altro vantaggio del bilinguismo è la capacità di riflessione sulla lingua. Questa coscienza *metalinguistica* (cioè la riflessione che ha la lingua per oggetto) si manifesta più precocemente nel bambino bilingue che nel monolingue. Dover organizzare il proprio linguaggio, molto presto, in due sistemi distinti, ha per conseguenza la capacità del bambino di vedere l'arbitrarietà delle parole, e di separare parole e significati. Queste capacità sono condizioni necessarie all'apprendimento della lettura, e il bambino bilingue le acquisisce prima che il monolingue. Una più grande consapevolezza di che cosa sia una lingua sembra inoltre facilitare l'apprendimento di una terza lingua, nel percorso scolastico. In generale, gli studi dimostrano un effetto positivo del bilinguismo sull'apprendimento di una terza lingua, a condizione che l'apprendimento sia motivato, per il bambino, dalla prospettiva di usare la lingua come mezzo di comunicazione.

I bambini bilingui possiedono anche ciò che Colin Baker chiama un'accresciuta sensibilità comunicativa.[14] In una situazione che richiede la comunicazione, il bilingue ha, per così dire, delle "antenne" supplementari che gli indicano quale lingua parlare con chi, e quando si può

13. *Ibidem*, p. 146.
14. *Ibidem*, p. 153.

cambiare lingua. Questa maggiore sensibilità per la situazione d'interazione si manifesta con una grande attenzione nei confronti dei bisogni dell'interlocutore, con una percezione più sottile degli indici verbali e non verbali della comunicazione.

Il "periodo critico" per apprendere la seconda lingua

I bilingui "di nascita" (ovvero i bambini con cui i genitori comunicano in due lingue diverse) rappresentano nel mondo una minoranza, rispetto al ben più importante numero di coloro che apprendono la seconda lingua dopo aver acquisito anche solo i rudimenti della lingua madre. Sappiamo che l'accesso al linguaggio è iscritto nei nostri geni, e che ogni essere umano impara a parlare, se messo in contatto con altri esseri parlanti. In uno dei capitoli precedenti, abbiamo visto infatti che il dispositivo innato, chiamato grammatica universale, permette al bambino di costruire il linguaggio in maniera intuitiva.

Quando si comparano le competenze degli adulti che hanno appreso tardi una seconda lingua a quelle dei bambini che hanno appreso la stessa lingua come lingua madre, si constata che i bambini possiedono un importante vantaggio. È per questo che si è ritenuto di poter dire che esiste una differenza fondamentale tra le strategie di apprendimento del bambino e dell'adulto. Secondo alcuni specialisti, l'apprendimento di una seconda lingua in età adulta è ottenuto grazie a strategie più generali, tipo risoluzione dei problemi, mentre invece per i bambini entrano in gioco capacità innate di acquisizione della prima lingua. Una grammatica dalle possibilità universali, dunque, sarebbe rimpiazzata, nell'adulto, dalla conoscenza della grammatica della propria lingua madre, e grazie a questa conoscenza egli apprenderebbe la seconda lingua. La grammatica della prima lingua fungerebbe quindi da "sostituto" della grammatica universale, e consentirebbe un'approssimazione della competenza linguistica del parlante nativo.[15] Ciò spiegherebbe perché un adulto non arriva mai ad apprendere una seconda lingua come ci riesce un bambino alla nascita.

Sebbene vi siano adulti che conseguono un livello quasi perfetto nella seconda lingua, la maggior parte degli adulti sviluppa la sua seconda lingua a livelli insufficienti, sia dal punto di vista grammaticale che fonologico (pronuncia, accentuazione). E ciò accade anche quando il tempo di

15. R. Bley-Vroman, "What is the logical problem of foreign language learning?", in S.M. Gass, J. Schachter (a cura di), *Linguistic Perspectives on Second Language Acquisition*, Cambridge University Press, New York 1989, pp. 41-68.

esposizione alla lingua da parte dell'adulto non è minore, ma è uguale a quello del bambino. Si deve quindi supporre che la possibilità di apprendimento di una seconda lingua allo stesso livello della lingua madre abbia dei limiti temporali. Se esiste un periodo sensibile, durante il quale la ricettività verso il linguaggio è maggiore, siamo autorizzati a pensare che lo stesso periodo consenta una maggiore facilità nell'acquisizione della seconda lingua. Se questo periodo esiste, dunque, ciò significherebbe che, per accedere al bilinguismo, la seconda lingua non può essere acquisita che per un lasso di tempo limitato, e si pone quindi la questione di quanto tempo duri questa possibilità, e quando, invece, termini.

Una trentina di anni fa, alcuni ricercatori affermavano che la facilità d'apprendimento nei bambini era dovuta alla plasticità del loro cervello. Sappiamo che la maturazione del cervello del bambino prosegue per lunghi anni; la lateralizzazione[16] del cervello, per esempio, ha luogo durante l'infanzia. La facilità dell'apprendimento, perciò, sarebbe legata alle condizioni di maturazione del cervello. Fondandosi su simili osservazioni neuropsicologiche, il linguista E.H. Lenneberg concluse che il periodo propizio all'acquisizione del linguaggio va dall'infanzia alla pubertà.[17] Questa ipotesi implica che, oltre questo periodo critico, ogni acquisizione del linguaggio, che si tratti della lingua madre o della seconda lingua, sarà qualitativamente incompleta in rapporto alla lingua appresa nella prima infanzia. Inoltre, l'ipotesi di Lenneberg implica anche che, fino alla pubertà, il bambino sia in grado di acquisire una seconda lingua in maniera intuitiva e raggiungere lo stesso livello di perfezione della prima lingua, quella materna. L'ipotesi del periodo critico è stata ampiamente ripresa da coloro che hanno voluto insistere sull'importanza di introdurre la seconda lingua prima dei 12 anni, età oltre la quale l'apprendimento diventerebbe un compito arduo e un bilinguismo soddisfacente diventerebbe impossibile.

Tuttavia, già alla sua comparsa, l'ipotesi di un periodo critico biologicamente determinato è stata attaccata. I casi dei "bambini selvaggi" che hanno imparato a parlare tardi sembrano contraddire l'idea di un accesso impossibile alla grammatica universale al di là di una certa età. C'è stato, per esempio, il caso di una bambina chiamata Genie, che ha cominciato a imparare a parlare all'età di 13 anni. Certo, Genie ha progredito assai lentamente e non ha mai superato il livello di un bambino di 2 anni, ma il suo caso mostra che l'acquisizione del linguaggio è ancora possibile

16. La lateralizzazione è la progressiva specializzazione, nel corso della prima infanzia, di ciascuno degli emisferi del cervello, fino a giungere alle rispettive funzioni.

17. E.H. Lenneberg, *Biological Foundations of Language*, Wiley, New York 1967.

dopo la pubertà. Per di più, a parte il fatto che questi casi sono troppo rari per dedurne regole generali, non si deve sottovalutare l'impatto che potrebbero aver avuto, sullo sviluppo cognitivo e affettivo generale di Genie, i maltrattamenti che ha subito: e come per Genie, per altri bambini in simili condizioni. Questi casi hanno spinto altri autori a parlare di periodo "sensibile", piuttosto che "critico", ovvero di un periodo particolarmente favorevole all'acquisizione del linguaggio.

L'idea che esista un solo periodo sensibile, che arriva fino alla pubertà, è oggi praticamente abbandonata. Molte ricerche mostrano che il limite temporale in questione non si può indicare in maniera così chiara. In uno studio americano del 2003,[18] si sono confrontate le competenze linguistiche in inglese di un vasto campione di immigrati di origine messicana e cinese, in funzione della loro età di arrivo, ovvero, in funzione dell'età di inizio dell'apprendimento dell'inglese. I ricercatori non hanno riscontrato un declino rapido delle capacità di acquisizione dopo l'età di 12-15 anni: l'esistenza di un periodo sensibile che arrivi fino alla pubertà non è dunque dimostrato. La sola conclusione consentita da questo studio è quella di un declino costante delle capacità di apprendere la seconda lingua, man mano che aumenta l'età in cui ha inizio l'apprendimento. "Tanto prima tanto meglio", potrebbe essere la frase che riassume questo studio.

Un'altra ricerca americana[19] ha cercato di determinare quanto duri il periodo in cui l'acquisizione della seconda lingua conduce a una competenza equivalente a quella della lingua madre. Sono state confrontate le competenze grammaticali di adulti nati negli Stati Uniti e di adulti che hanno appreso l'inglese come seconda lingua. Le date di inizio dell'apprendimento, per questo secondo gruppo, variavano tra i 3 e i 39 anni. Un primo risultato mostrava che più tardi comincia l'apprendimento dell'inglese, meno le competenze linguistiche raggiungono quelle della lingua madre. Ancora più importante, i risultati più deboli sono stati riscontrati in coloro che hanno cominciato a imparare l'inglese tra gli 8 e i 10 anni, mentre l'inglese dei soggetti che avevano cominciato a impararlo prima dei 7 anni non rivelava alcuna differenza rispetto a quello dei parlanti nativi.

Analizzando le ricerche sul periodo sensibile, si può concludere che i risultati variano in funzione delle competenze studiate. È per questo che gli studiosi propendono oggi per l'idea che esistano una serie di tappe

18. E. Bialystok, K. Hakuta, "Critical evidence: A test on the critical period hypothesis for second language acquisition", in *Psychological Science*, 14, 1, 2003, pp. 31-38.
19. E. Newport, "Maturational constraints on language learning", in *Cognitive Science*, 14, 1990, pp. 11-28.

nello sviluppo del bambino, e che ciascuna fornisca opportunità per l'inclinazione all'apprendimento del linguaggio. Ai diversi fattori che entrano a costituire una lingua, come la fonologia (che determina pronuncia e accento), la grammatica e il lessico (il repertorio delle parole), corrisponderebbero diverse durate del periodo sensibile. Un primo termine potrebbe essere fissato tra i 5 e i 7 anni: età dopo la quale si sono riscontrate interferenze, a livello fonologico, tra la lingua madre e la seconda lingua. Prima dei 7 anni sembra ancora possibile un'acquisizione intuitiva e, purché il bagno linguistico sia sufficiente, la competenza nella seconda lingua sarà vicina a quella nella lingua madre. Similmente, fino a poco tempo fa, si considerava parlante nativo colui che aveva acquisito una lingua prima dei 7 anni.[20]

Uno studio più recente[21] si spinge ancora più in là. Grazie alla risonanza magnetica funzionale, si è potuto vedere che la fissazione dei circuiti neuronali su una lingua determinata (la lingua madre) è reversibile fino agli 8 anni. Questo risultato è stato ottenuto studiando dei giovani adulti di origine coreana adottati da famiglie francesi, di età compresa tra i 3 e gli 8 anni. Si è studiata la loro attività neuronale durante l'ascolto di frasi in lingue straniere differenti: tra queste lingue, c'era il coreano. Nell'ascoltare il coreano, la risonanza magnetica funzionale non ha evidenziato alcuna traccia di attività corrispondente al riconoscimento di una lingua familiare. Viceversa, durante l'ascolto del francese, i circuiti neuronali delle persone stimolate reagivano come nei parlanti nativi del francese. Secondo i ricercatori, ciò prova che un bambino che si venisse a trovare nella situazione eccezionale (come accade con l'adozione) di dover abbandonare la lingua madre e apprendere una nuova lingua, tra i 3 e gli 8 anni, è capace di acquisire questa seconda lingua come se si trattasse della sua lingua madre.

Tutto si gioca prima dei 6 anni?

L'idea del periodo critico ha avuto per conseguenza il sorgere di una particolare immagine per concepire le competenze di apprendimento: si tratterebbe di una finestra che è accostata ma ancora aperta, nel corso di un periodo delimitato, dopo il quale essa si chiuderebbe inesorabilmen-

20. N. Francis, "Maturational constraints in language one and language two: A second look at the research on critical periods", in *Bilingual Research Journal*, 23, 4, 1999.

21. C. Pallier et al., "Brain imaging of language plasticity in adopted adults: Can a second language replace the first?", in *Cerebral Cortex*, 13, 2, 2003, pp. 155-161.

te. Si darebbe dunque una particolare urgenza, per poter sfruttare al meglio le capacità di apprendimento del bambino, al fine della buona acquisizione di una seconda lingua, in tempo prima che la finestra si chiuda. Anche in questo caso, l'idea di un'età più o meno precoce nella quale l'introduzione della seconda lingua sarebbe da preferire, si è diffusa ampiamente nell'opinione pubblica e nell'ambiente dei professionisti del settore. Ecco il consiglio di un'ortofonista: "L'età ideale per cominciare l'apprendimento di una lingua si colloca verso i 4 anni. Il primo sistema linguistico sarà allora abbastanza solido per evitare l''inquinamento' di una lingua con l'altra".[22] Altri insistono perché l'apprendimento abbia luogo prima dei 4 anni o dopo i 5, per ragioni simili.

@ DA UNA LINGUA ALL'ALTRA

Sono nato in Russia, in un contesto russofono. Quando ero bambino, mia sorella mi insegnava la poesia, da Puškin a Lermontov. A 4 anni recitavo le poesie di Puškin e Lermontov per divertire gli ospiti. Quando avevo 5 anni, siamo partiti per la Polonia, e poi per la Germania. A quell'epoca compresi che il russo apparteneva al passato, ma un'altra lingua mi mancava ancora. In Polonia non avevo trovato utile imparare il polacco. In Germania, il tedesco lo imparai a scuola. Ma sapevo che anche la Germania l'avremmo lasciata. Imparai comunque il tedesco: mi sembrava una tappa. Avevo 8 anni quando, con la mia famiglia, arrivammo a Haifa. Immediatamente mi lanciai con passione nell'ebraico... feci d'istinto ciò che mi sembrava necessario. Dopo un anno e mezzo, il mio ebraico era saldo e lo usavo in modo naturale, mentre il russo era scomparso. Lo capivo ancora un po', ma non volevo più... non sapevo più parlarlo. Ma il russo non era semplicemente scomparso: dal momento in cui volli penetrare l'ebraico, e scriverlo, dal momento in cui presi questa decisione, dovetti assassinare il russo: il russo, la mia lingua madre – dovetti farlo, perché stava in mezzo tra me e l'ebraico, come un ostacolo. Il russo minacciava la mia capacità di scrivere in ebraico. Fui quindi molto violento nei suoi confronti, lo eliminai, volli legarmi esclusivamente all'ebraico. Ben più tardi mi accorsi che, malgrado tutto, qualcosa del russo era restato. È restato nella musica della poesia di Puškin e di Lermontov, nella mia poesia. Ma me ne sono accorto assai dopo: avevo gli stessi ritmi. Non li ho imparati, semplicemente, erano là.
Meir Wieseltier, poeta, Israele[23]

22. Testimonianza raccolta in un forum di discussione su Internet.
23. Estratto da un'intervista di Nurith Aviv, "Misafa, Lesafa. D'une langue à l'autre", documentario prodotto da Production Swan, ZDF/Arte, 2004.

L'immagine della finestra socchiusa che si chiuderebbe definitivamente dopo l'infanzia, se perdurasse, rischia di provocare effetti negativi in più d'un settore. Essa rinforza l'opinione negativa di alcuni adulti riguardo alle proprie capacità di apprendimento di una lingua straniera, e potrebbe giustificare i professori di lingue che ritengono che gli studenti di più di 12 anni abbiano capacità limitate nell'apprendimento delle lingue straniere. Come se non bastasse, coltivando il mito degli apprendimenti precoci, si rischia di dare troppa importanza al "quando" dell'apprendimento, a detrimento del "come".

Certo, per la maggior parte degli adulti l'apprendimento di una lingua straniera comporta sicuramente uno sforzo, e non è sicuro che i risultati siano soddisfacenti; solo il 5% circa degli adulti sfugge a questa regola, e il loro controllo della seconda lingua eguaglia il controllo della lingua madre. Alcuni, come Samuel Beckett o Vladimir Nabokov, sono persino diventati maestri in fatto di lingua, nella lingua che non era la loro lingua madre – Beckett in francese, Nabokov in inglese – e in quella lingua hanno scritto le loro opere letterarie. Questi casi ci insegnano che non c'è ragione di disperare per quei milioni di persone che non hanno avuto l'occasione di essere esposti a una seconda lingua da piccoli.

Adolescenti e adulti hanno persino un certo vantaggio, all'inizio dell'apprendimento formale della seconda lingua. Progrediscono più rapidamente dei bambini nell'acquisizione delle competenze di comunicazione di base – e questa maggiore velocità iniziale ha fornito un argomento di scala agli specialisti che contestavano l'esistenza del periodo critico. Ci ritorneremo più tardi.

Bilinguismo e identità culturale

Die Grenzen meiner Sprache sind die Grenzen meiner Welt.[24]

LUDWIG WITTGENSTEIN

La lingua forma la cultura, che forma la lingua

Contrariamente a quel che accade per le lingue morte, come il latino o il greco antico, una lingua viva non ha ragion d'essere senza intervenire nelle interazioni con gli altri. È nel corso di queste interazioni, nelle situazioni in cui si comunica, che la lingua si evolve, prende l'impronta cultu-

24. "I confini della mia lingua sono i confini del mio mondo."

rale della famiglia, degli amici, del gruppo sociale nel quale viene usata. Certo, si può imparare una lingua lontano dal paese in cui viene parlata, sui libri o nei laboratori linguistici. Si avrà così modo di accedere alla letteratura, ai mezzi di comunicazione scritti del paese in cui la lingua è parlata. Ma la lingua appresa in questo modo non si evolverà, resterà fissa, perché le mancherà il contatto con parlanti nativi.

La lingua è un elemento costituente della cultura e, allo stesso tempo, ne è vettore. Per cultura, intendiamo quell'insieme di pratiche, abitudini, tradizioni che caratterizzano una società o un gruppo sociale. Ogni individuo appartiene a un gruppo con cui condivide la cultura e spesso la lingua.

Ciò che caratterizza un gruppo è un modo di vivere, di stabilire relazioni con gli altri, e anche un modo di parlare. Una lingua non può esistere per conto suo, è legata essenzialmente alla dimensione sociale, è ciò che ci lega agli altri. Parlare una lingua significa riferirsi a una visione del mondo, attingere a un fondo comune di significati, offerti al mondo da una comunità linguistica. Far propria un'altra lingua, la lingua di un altro, dà accesso a un'altra visione del mondo. Come diceva Georg Christophe Lichtenberg, un contemporaneo di Voltaire, "conoscere una lingua a fondo significa conoscere a fondo il popolo che la parla".

È per questo che non basta, per comprendere il fenomeno del bilinguismo, limitarsi a porre domande sui meccanismi biologici dell'acquisizione del linguaggio, ma bisogna anche interessarsi a ciò che una lingua rappresenta, ai legami sociali che genera e conserva.

Che cosa rappresenta una lingua?

Una lingua è legata ai ricordi di infanzia, ai genitori e ai nonni, alla storia della famiglia; fa parte dell'identità di una persona, costituisce il fulcro della sua identità culturale. La lingua è legata anche a luoghi geografici: una regione, un paese, un'unità politica, una nazione, per cui essa risulta rappresentativa.

Quindi, per esempio, l'inglese (o piuttosto, l'angloamericano), che è emblema degli Stati Uniti, è sinonimo di potenza economica. Così come la potenza induce rispetto, negli altri, la lingua di un paese potente è una lingua rispettabile e conoscerla bene è invidiabile: la lingua, in certo modo, ci permette di partecipare alla potenza dell'altro. Una lingua porta su di sé le tracce della storia: è ammirata o disprezzata in funzione dei fatti o dei misfatti di cui sono stati autori i suoi parlanti nativi, nel passato. Il ruolo giocato dalla Germania nella prima metà del secolo scorso ha di certo avuto un impatto su generazioni di studenti alle prese con le asperità della sua lingua.

@ LINGUA E IDENTITÀ

Quanto al livello di bilinguismo di mio figlio (7 anni), sono molto più tranquilla oggi di quanto non lo fossi, diciamo, qualche anno fa. Visto il suo livello attuale di francese, ho deciso di dargli fiducia, penso che le basi siano acquisite. Ancora una volta, non si tratta solo di parlare una lingua, ma di sapere da dove si viene, di conoscere una parte di sé che è diversa, per cultura, dalla cultura del paese in cui si vive al momento. Se sarà in grado di padroneggiare il francese, mio figlio sarà in grado di acquisire senso di sé, della sua identità, delle sue radici... Il francese fa parte di lui, almeno al 50 per cento, e questo non vuol dire poco...

Un segno di appartenenza

La lingua è in qualche modo lo strumento attraverso cui la cultura si esprime, in più essa è forgiata dalla cultura. Ha una funzione sociale in quanto permette di stabilire il contatto con gli altri membri del gruppo; il modo di entrare in contatto e di mantenere i legami è influenzato dalla cultura. Infatti, le formule di saluto sono specifiche di ciascuna lingua, ma non basta saper dire "buongiorno", bisogna anche saper far uso dei gesti che accompagnano la formula. La sottigliezza delle formule di saluto "mediterranee" (bacio o stretta di mano?) resta a lungo un mistero per ogni nuovo arrivato proveniente dai paesi nordici, che con difficoltà accetta tutta questa vicinanza con il suo interlocutore. Parlare la lingua di un gruppo vuol dire essere riconosciuto dai suoi membri come uno di loro. Ci si definisce tramite la propria appartenenza linguistica, o ci si tradisce con il proprio accento: la lingua fa parte della nostra identità culturale. Il bambino, crescendo, fa suoi le norme e i valori del suo ambiente e, insieme alla lingua, acquisisce le pratiche culturali che l'accompagnano. Il bambino bilingue acquisisce le pratiche culturali, la maniera di vivere, di parlare, di due comunità linguistiche. Saprà comportarsi, per esempio, "da inglese" con gli inglesi, "da tedesco" con i tedeschi. Così come sa che un oggetto può avere due nomi, sa pure che esistono diversi modi per salutarsi, diversi modi di stare in compagnia degli altri, in società. La lingua è simile a un prisma, attraverso cui si vede il mondo, con essa ci si muove nel mondo, comportandosi in un modo o in un altro. Il bambino che cresce con due lingue e in contatto con due comunità linguistiche scopre presto che le visioni del mondo sono tutte relative. Ha una consapevolezza delle differenze culturali che il monolingue non necessariamente possiede.

@ VIVERE LA PROPRIA DOPPIA APPARTENENZA

Non sono in grado di dire se sono francese o tedesca. Grosso modo, mi sento francese in Germania e tedesca in Francia. Ma, allo stesso tempo, non mi sento straniera né in Francia né in Germania. Non posso dire che la cosa mi ponga troppi problemi, tranne in occasione delle coppe del mondo di calcio. Non è molto chiaro quel che dico, lo so, ma è abbastanza difficile da descrivere.

Queste differenze culturali non sono troppo visibili di primo acchito, e ogni situazione comporta il suo bagaglio di errori e di apprendimenti: così la pensa Thomas, da poco rientrato dagli Stati Uniti con i suoi genitori. Frequenta la prima media a Parigi, e questa è la sua prima esperienza scolastica in Francia. Un giorno, abituato alla grande libertà di movimento che aveva nella sua vecchia scuola statunitense, si alza nel mezzo della lezione di matematica ed esce per andare in bagno. Il professore giudica inammissibile il suo comportamento, e lo punisce con un'ora di rientro. Thomas ha fatto esperienza del suo primo shock culturale, sebbene padroneggi alla perfezione il francese.

Il bambino impara le differenze culturali "in situazione", poiché si tratta di pratiche che non si vivono che in gruppo. Una madre o un padre, da soli, difficilmente sono in grado di trasmettere tutta l'estensione delle pratiche del loro paese. La cultura non ha senso, se non in compagnia di altri rappresentanti della comunità che la condividono. Come ci si debba comportare in compagnia degli altri fa parte della socializzazione iniziale del bambino. Lo mostra, per fare un altro esempio, quel che rispose una bambinetta di 4 anni al suo pediatra che le tendeva la mano in segno di saluto. La bambina ritirò la mano indignata e gli insegnò che "non si dà la mano a una ragazza, le si dà un bacetto".

Incontri del "terzo tipo"

Babette è francese, suo marito è tedesco. La coppia vive a Londra, con la loro bambina di 6 anni. Questa bambina cresce parlando tre lingue, ma ciò che preoccupa sua madre è la questione dell'appartenenza culturale:

"Ho paura che Paula cresca senza una cultura di appartenenza. Con me parla francese, si volta verso suo padre per comunicare in tedesco, e, se lei è anglofona, le parlerà in inglese. A livello linguistico nessun problema... Ma come si sentirà, quali saranno le sue vere radici, la sua vera cultura?". Liliane, francese, confessa di provare la stessa ansia. Vive con suo marito, cileno, nei Paesi Bassi. I loro bambini vi sono nati, frequentano la scuola francese e la lingua di comunicazione, in famiglia, è il francese. La famiglia si prepara a partire per il Cile per due anni. Il problema che Liliana si pone è che "i bambini parleranno la lingua di un paese dove non hanno mai vissuto! A volte ho paura per loro: si sentiranno a loro agio dappertutto, o non si sentiranno a casa loro da nessuna parte?".

È una domanda che inquieta molte coppie miste o espatriate che, da parte loro, hanno fatto l'esperienza di crescere parlando una sola lingua e all'interno di una sola cultura. È la paura di non essere più se stessi, di venire invasi dalla cultura della maggioranza, che spinge ad aggrapparsi solidamente alle norme e ai valori che *si ritiene* siano in vigore nel paese d'origine. "Mentre vivevo in Germania, avevo l'impressione di avere con me qualcosa di molto prezioso da difendere a tutti i costi: la mia lingua e la mia cultura francese. Facevo di tutto perché mia figlia imparasse la lingua e si immergesse nella mia cultura d'origine, altrimenti avrei avuto l'impressione di essere come alienata": è la testimonianza di Eve, mamma di una bambina di 18 mesi, al suo ritorno in Francia. Nondimeno, ciò che si pensa che sia la cultura d'"origine" è già influenzato dalle abitudini e dai costumi del paese d'arrivo. Tutti coloro che vivono in contatto con un'altra cultura passano attraverso un processo di adattamento, che l'antropologo Claude Lévi-Strauss chiama "bricolage culturale".[25] L'individuo mette insieme, per così dire, una cultura, abbandonando alcune pratiche, adottandone altre della nuova cultura o trasformando alcune delle sue vecchie pratiche per far sì che "calzino" nella nuova cultura. I bambini socializzati nei paesi d'arrivo – a scuola, con i pari – hanno accesso alle pratiche culturali del paese, oltre a quelle dei loro genitori. È per questo che si costruiscono un'identità diversa sia da quella dei genitori, sia da quella del paese in cui vivono. La loro cultura, la loro identità culturale è il prodotto del "bricolage" di due culture: sono ciò che gli anglosassoni chiamano i "third-culture kids",[26] bambini appartenenti a una terza cultura.

Allo stesso modo, in una famiglia in cui padre e madre hanno origini linguistiche e culturali diverse, il bambino non sarà un rappresentante ti-

25. C. Lévi-Strauss, *Antropologia strutturale*, tr. it. il Saggiatore, Milano 1990.

26. D.C. Pollock, R.E. Van Reken, *Third-Culture Kids: The Experience of Growing up among Worlds*, Nicholas Brealey Publishing, Intercultural Press, Boston 2001.

pico della cultura A (paterna) o della cultura B (materna), ma la sua cultura sarà una composizione particolare di A e B. Se i due genitori vivono in un terzo paese (C), l'identità culturale del bambino sarà l'effetto di una negoziazione tra tre culture, A, B e C.

@ UN'INFANZIA SENZA FRONTIERE

Sono bilingue tedesco/francese. Mi ricordo di mia madre che mi parlava in tedesco e di mio padre che parlava francese, e poi il resto è venuto con naturalezza. Trovo che ciò aiuti non solo a imparare altre lingue più facilmente, e soprattutto ad avere buone orecchie per gli accenti, ma è il fatto di possedere due culture che ci apre lo spirito: non essendo davvero né di una nazionalità né dell'altra, non si è intruppati in un modo di pensare. È vero che, quando arriva l'adolescenza, per un bambino bilingue è difficile trovare punti di riferimento sulla propria origine, ma vi assicuro che ne vale la pena.

Un'identità multiculturale

La risposta alla questione di quale sia la "vera cultura" è forse deludente per un genitore espatriato: i suoi figli non hanno né la cultura del padre, né quella della madre, né quella del paese in cui vivono, ma piuttosto una cultura specifica, quella di persone multiculturali. Il bambino multiculturale si trova a suo agio nell'una e nell'altra cultura, ma non è davvero riconosciuto dai "puristi" di ciascuna comunità come uno di loro. Sarà sempre un po' diverso, qua e altrove, perché avrà conosciuto un altrove.

I genitori hanno spesso difficoltà ad accettare questa differenza tra la cultura dei loro figli e la propria identità culturale e linguistica. Il loro bambino cresce in un universo che non è il loro, e quindi assorbe più profondamente dei suoi genitori la cultura della società che lo circonda, a prescindere dalle sue competenze linguistiche di bilingue. Fatto interessante, l'identificazione con la cultura di una comunità o di un gruppo può aver luogo senza che il bambino sia bilingue; a volte la lingua riveste un valore solo simbolico. È stato dimostrato che molti adolescenti figli di genitori immigrati conservano un rapporto affettivo con la lingua dei genitori. Senza davvero possederla fino in fondo, parlano della loro "lingua madre", e insieme esprimono il desiderio di saperla "un giorno" parlare.[27]

27. G. Vinsonneau, *Identité des jeunes en société inégalitaire: le cas des Maghrébins en France: perspectives cognitives et expérimentales*, L'Harmattan, Paris 2001.

@ UN REGALO PER TUTTA LA VITA

Invidio la ricchezza naturale, ereditaria, dei bilingui. Quasi senza sforzo, loro sanno parlare due lingue, hanno dunque due enciclopedie, due canali radio nella testa, due volte in più di parole e melodie. Il loro spirito è rivolto già da sempre verso l'esterno, verso lo sconosciuto, è già aperto a nuove lingue, curioso di tutto, di nuove sonorità: è un regalo meraviglioso quello di poter offrire questo kit "due lingue/due culture" che dura per tutta la vita.

I bambini bilingui e biculturali si collocano all'interfaccia – per impiegare un termine alla moda – tra due paesi e due gruppi culturali e linguistici, sono mediatori per essenza. Potersi riferire a due comunità linguistiche e culturali influenza la loro visione di queste stesse comunità.

Numerose ricerche hanno mostrato che i bambini bilingui hanno atteggiamenti meno netti verso persone appartenenti a un'altra comunità. In uno studio più volte ripreso, un'équipe canadese[28] ha registrato la lettura di un testo, effettuata da sei persone perfettamente bilingui, francese/inglese. A ognuno era stato chiesto di leggere il testo una prima volta in inglese, e poi in francese. Queste registrazioni sono poi state proposte a bambini anglofoni, francofoni e bilingui. Dovevano giudicare le persone – sulla sola base dell'ascolto della voce registrata – rispetto a determinate caratteristiche: gentilezza, intelligenza, aspetto fisico ecc. I bambini non sapevano che stavano valutando due volte la stessa persona, una volta quando parlava francese e una volta quando parlava inglese. Si è osservato che i bambini bilingui franco-inglesi valutavano in modo assai meno netto le due lingue e le due comunità, rispetto ai loro compagni monolingui.

I bambini bilingui e biculturali saranno gli adulti tolleranti e aperti alla differenza della società di domani?

Il bilinguismo come "lingua madre"

La crescente mobilità delle persone, che si spostano per il mondo assai più di una volta, ha comportato una moltiplicazione delle occasioni di contatto tra lingue. Che sia per necessità economica, per scelta personale o professionale, ci sono famiglie che lasciano il loro paese d'origine per andare a vivere, temporaneamente o definitivamente, in un paese diverso. I bambini li seguono, affrontano il nuovo ambiente, il nuovo stile di

28. W.E. Lambert et al., "Evaluational reactions to spoken languages", in *Journal of Abnormal and Social Psychology*, 60, 1960, pp. 44-51.

vita, la nuova lingua. Beninteso, quanto più è piccolo il bambino, tanto più facile sarà per lui adattarsi. Tanto che, dopo qualche mese, sarà impossibile per chiunque distinguere la prima lingua, acquisita alla nascita, dalla seconda, acquisita nelle scuole dell'infanzia.

In una situazione del genere, l'unicità della lingua madre è uno status discutibile. Come testimonia una giovane donna: "Sono nata in Francia, mio padre è inglese, mia madre spagnola. Mio padre non mi ha mai parlato in inglese, perché i miei si sono separati quando avevo un anno. Invece, mia madre mi ha parlato in spagnolo fino ai 3 anni. A partire dal momento della scolarizzazione, in Francia, non ho più voluto parlare in spagnolo con mia madre. Sono cresciuta in Francia, e con mia madre parlo francese. Ma sono pur sempre bilingue francese/spagnolo, e ho migliorato il mio livello di spagnolo studiando letteratura. Tuttavia, mi sono sempre sentita più a mio agio con il francese che con lo spagnolo. Vorrei proprio sapere qual è, a conti fatti, la mia lingua madre".

Ecco la questione che preoccupa in un ambiente monolingue, una questione che assilla i bilingui non meno che i monolingui: qual è la lingua madre di un bambino nato in una famiglia in cui si usano due, o addirittura tre lingue, nella quotidianità? Questo bambino ha una lingua "madre", ovvero della madre, e una lingua "padre", ovvero del padre? Qual è il peso, qual è il ruolo della lingua del padre, e qual è la lingua che definisce l'appartenenza del bambino, insomma, dove stanno le sue "radici"?

A partire dal momento in cui il bambino ha l'età per frequentare la scuola dell'infanzia, la sua socializzazione ha luogo in buona misura fuori dalla famiglia, e quindi la lingua della scuola comincerà a occupare un posto essenziale nella sua vita. Succede spesso che la lingua che si parla a scuola – e nel paese di adozione – divenga dominante, rispetto alla lingua, o alle lingue, della famiglia. I giochi dell'infanzia, le mille piccole avventure ed emozioni vissute a scuola si legheranno, per sempre, a questa lingua. E quindi, questa seconda (o terza) lingua acquisirà un forte valore affettivo, al punto che ci sono adulti bilingui che non se la sentono di rispondere alla domanda su quale sia la loro lingua madre. Felipe è nato in Francia da genitori spagnoli. "La mia prima lingua è stata lo spagnolo – dice – ma è il francese quella in cui mi sento più a mio agio, in cui mi sento più me stesso."

Il mito della lingua madre, unica e unificante, è un argomento dei monolingui, che provano invano a "classificare" i bilingui in una delle categorie correnti, secondo lo schema: tutti coloro che parlano la lingua A sono degli A, e tutti coloro che parlano la lingua B sono dei B. Se un bilingue potesse indicare con chiarezza la sua lingua materna, sarebbe "categorizzabile" secondo i metodi di questa convenzione. Ma bisogna pur arrendersi all'evidenza che un bilingue (o un trilingue) precoce non può separare le sue prime lingue. Intrattiene un legame affettivo non meno potente con ciascuna delle lingue che ha sentito parlare sin da piccolo: per alcuni, è il bilinguismo (o il trilinguismo) la propria lingua madre!

3

Il bilinguismo precoce simultaneo

Dalla nascita ai tre anni

Everyone dreams of being bilingual, but I would have never imagined that it would be this difficult.[1]

Lo sviluppo del linguaggio

Dalla percezione alla produzione

Una coppia si china sulla culla di un bambino, chiamiamolo Elia. Il padre gli dice: "Piccolino mio", la madre aggiunge: "Mon petit lapin". Parole dolci sussurrate all'orecchio del bambino, come accade di dirne a tutti i genitori del mondo con tutti i bambini del mondo, se non che qui si dà una piccola differenza: il piccolo Elia crescerà e costruirà il linguaggio a partire da due diversi sistemi linguistici. Così si costruisce il più naturale dei bilinguismi: il bilinguismo precoce simultaneo. La nascita di un bimbo in una coppia mista – una coppia in cui ciascun genitore parla una lingua materna diversa – è spesso circondata da un'aura di diffidenza, a volte dissimulata dietro un'ammirazione esagerata. Malgrado ciò, sempre più coppie decidono di trasmettere due lingue ai loro bambini, ma non senza essersi poste, prima, delle domande sulla miglior maniera di procedere.

Sebbene la ricerca nel campo della percezione del linguaggio da parte dei bambini bilingui non sia che all'inizio, sembra di poter dire già ora che l'introduzione di una seconda lingua nel sistema percettivo del bambino comporta necessariamente un ampliamento delle sue capacità percettive, dal momento che egli deve saper distinguere un numero maggiore di contrasti fonetici (ovvero differenze tra suoni articolati). In altre pa-

1. "Tutti sognano di essere bilingui, ma non avrei mai immaginato che fosse tanto difficile" (forum su www.enfantsbilingues.com).

role, un bambino che si evolva in un ambiente linguistico che comprende italiano, francese, russo, arabo saprà distinguere più suoni che un bambino che cresca in un ambiente monolingue italofono. Recentemente, un gruppo di ricerca spagnolo[2] ha mostrato che bambini di 4 mesi, che crescono in ambiente bilingue spagnolo/catalano, riconoscono le loro due lingue materne in mezzo ad altre. In più, lo studio ha mostrato qualcosa di sorprendente: i bambini che hanno partecipato al test, messi a confronto con una lingua sconosciuta per loro, come l'inglese o l'italiano, reagiscono più prontamente alle frasi in queste lingue, che, lo ripetiamo, sono del tutto nuove per loro. Gli autori hanno interpretato questo risultato come un segnale di maggiore difficoltà dei bambini, se confrontati con lingue fonologicamente vicine. Differenziare i suoni della lingua madre dai suoni di lingue mai sentite prima sembra più facile, per questi bambini, che dissociare i suoni delle due prime lingue, che si assomigliano molto tra loro.

La costruzione del primo lessico nei bambini bilingui

Se, nell'ambiente del bambino, compaiono con regolarità due lingue, come avverrà la costruzione del primo repertorio di parole, ovvero del lessico, per quel bambino? Attribuirà le parole all'una e all'altra lingua? In questo caso, un confronto con bambini della stessa età lo svantaggerebbe, perché possederebbe, nell'una e nell'altra delle sue prime lingue, solo una parte del vocabolario che ci si potrebbe aspettare da un bambino della sua età. Un'altra possibilità, invece, sarebbe che il bambino proceda per tappe, costruendo dapprima il repertorio di una lingua e successivamente quello della seconda, nel qual caso si dovrà ammettere ancora un "ritardo" in una delle lingue.

La risposta a queste domande dovrà fornirci degli argomenti per rispondere ai critici del bilinguismo precoce. Di confusione, di ritardo e di mescolanza tra le lingue si sente parlare ancora molto nella nostra società in cui il monolinguismo è la norma e lo sviluppo linguistico monolingue serve da modello ai genitori e agli operatori dell'infanzia. Nel capitolo sullo sviluppo del linguaggio nei bambini, abbiamo visto che lo sviluppo del primo lessico è lento, e che sono necessari dai quattro ai cinque mesi perché i bambini imparino a produrre una cinquantina di parole. Queste grandi leggi nello sviluppo del linguaggio, o tendenze se si preferisce, val-

2. Citato in R. Bijeljac, "Acquisition de la phonologie et bilinguisme précoce", in M. Kail, M. Fayol, *L'acquisition du language. Le language en émergence, de la naissance à trois ans*, PUF, Paris 2000.

gono per tutti i bambini. Abbiamo anche visto che la prima produzione di parole riconoscibili è fortemente influenzata dalla natura della lingua che si parla attorno al bambino, il che significa che la natura delle prime parole differisce, a seconda che la lingua di prima acquisizione sia il cinese, il francese o l'inglese.

Queste ultime scoperte fanno apparire sotto una luce diversa le disuguaglianze lessicali (ovvero le disuguaglianze nel repertorio delle parole) dei bambini bilingui precoci. Le differenze nel modo di acquisizione di una lingua in funzione della sua struttura avranno un impatto sul primo lessico del bambino bilingue. Egli non possederà le stesse categorie lessicali, nello stesso momento, in ognuna delle sue lingue. Vi è un diverso schema di sviluppo del lessico – per esempio, più nomi di cose in inglese, più verbi in francese: ciò significa che un bambino che sviluppi il linguaggio in un ambiente franco/inglese non imparerà le stesse parole, nelle due lingue, allo stesso tempo. Vi sono forti probabilità che produca "tiens" ("tieni"), "regarde" ("guarda") e "donne" ("dai"), ben prima di saper utilizzare gli equivalenti in inglese, una lingua nella quale comincerà con l'arricchire il suo repertorio con nomi di cose.

È per questa ragione, tra le altre, che è imprudente confrontare le competenze linguistiche di bambini che vivono in ambienti dove si parlano più lingue, con il rischio di diagnosticare "ritardi" nel linguaggio, laddove invece non si tratta che di uno sviluppo logico, che segue le proprietà strutturali di ciascuna lingua.

Quando si confronta il vocabolario dei bambini bilingui con quello dei bambini monolingui della stessa età, la differenza è evidente: confrontati separatamente, i repertori in entrambe le lingue del bambino bilingue non corrispondono, in numero, a quelli dei bambini monolingui. Il bambino bilingue raggiungerà lo stadio (il *milestone*, come si dice in inglese) delle cinquanta parole verso i 18 mesi, proprio come un bambino monolingue, ma con una particolarità: il suo repertorio totalizzerà una cinquantina di parole in tutte e due le lingue insieme (non in ciascuna da sola). Susan Quay, una linguista americana,[3] ha analizzato il primo vocabolario di sua figlia Manuela. Manuela è cresciuta acquisendo l'inglese e lo spagnolo e possiede, a 22 mesi, un repertorio attivo (ovvero considerando le parole che produce) di trecento parole. La metà di queste parole sono in inglese, un terzo sono chiaramente identificabili come spagnole, il resto non si può attribuire con chiarezza a una delle due lin-

3. S. Quay in N. Sethuraman, *Literature Review on Language Acquisition of Monolingual Children, Bilingual Children and Second Language Learners*, University of California, San Diego Center for Educational Technology, Middlebury College 1995.

gue, poiché la pronuncia della bimba non è ancora perfetta (quando un bambino dice "ba", può voler dire lo spagnolo *balon* o l'inglese *ball*).

L'esempio di Manuela evidenzia delle differenze fondamentali tra i bambini monolingui e i bambini bilingui. Nella maggioranza dei bambini bilingui i due lessici non progrediscono nello stesso modo, nelle due lingue. Il rapido sviluppo del lessico che si riscontra verso i 18 mesi nella maggior parte dei bambini, si registra anche nei bambini bilingui. Ma le due lingue non si sviluppano allo stesso ritmo.

La maggior parte dei bambini impara nuove parole con un effetto, per così dire, bilanciante: quando il lessico si arricchisce in una lingua, sembra ristagnare nell'altra. Questo "ritardo", a volte, viene recuperato poco più tardi; spesso, però, lo squilibrio tra i due lessici rimane. Spesso si ha occasione di osservare che l'esplosione del vocabolario, nell'altra lingua, ha luogo più tardi, per esempio in occasione di un viaggio nel paese in cui la lingua è parlata. Vedremo più tardi l'importanza dell'ambiente per lo sviluppo del vocabolario.

La valutazione del linguaggio

Quando si tenta di valutare lo sviluppo del linguaggio dei bambini bilingui, ci si scontra con il fatto che non esiste un metodo, come ne esistono per lo sviluppo linguistico dei bambini monolingui, adeguato per adattarsi alle particolarità del bilinguismo. I test utilizzati al momento attuale per misurare le competenze linguistiche dei piccoli bilingui sono stati elaborati, all'origine, per i monolingui. In attesa di test più adeguati, ci si accontenta di valutare i bambini bilingui in ciascuna delle loro lingue separatamente. Questo ha consentito di constatare che il ritmo di sviluppo del linguaggio è lo stesso per tutti i bambini piccoli tra gli 8 e i 30 mesi, che si tratti di bilingui o monolingui,[4] ma le somiglianze si fermano a questo punto.

Ritorniamo a Manuela, che possiede, a 22 mesi, un repertorio di trecento parole ripartite tra le sue due lingue, inglese e spagnolo. Se si dovessero testare le sue competenze linguistiche in inglese, i risultati sarebbero al di sotto di quelli dei bambini monolingui. Ma un risultato di questo tipo è incompleto, perché, occultando la competenza del bambino nell'altra lingua, non rifletterà né le sue reali competenze linguistiche, né le sue reali

4. D. Pearson et al., in L. Petitto, "Evaluating attributions of delay and confusion in young bilinguals: Special insights from infants acquiring a signed and spoken language", in *Sign Language Studies*, 3, 1, 2002, pp. 4-33.

competenze comunicative. Di fatto, ogni test linguistico "monolingue" applicato a un bambino bilingue rivelerà un deficit di linguaggio, rispetto a un bambino monolingue. Ed è quello che succede ai bambini bilingui, quando fanno i primi passi nella scuola dell'infanzia. Deborah, una mamma inglese, è ancora sotto lo shock delle raccomandazioni dell'educatrice che le ha fortemente suggerito di parlare in francese con la sua bambina di 2 anni e mezzo, al fine di evitare grosse difficoltà scolastiche, essendo il vocabolario francese della bambina "troppo povero"! Per valutare le competenze linguistiche della figlia di Deborah, si sarebbe dovuto chiedere a questa mamma di prendere nota di tutte le parole, inglesi e francesi, che la sua bambina sapeva utilizzare, prima di brandire lo spettro dell'insuccesso scolastico. Questa accortezza, sia ben chiaro, dovrebbe valere per tutte le lingue – l'arabo, lo spagnolo, il cinese, il russo ecc. – parlate dai piccoli studenti nelle nostre scuole: che sia in Francia o in Italia.

Sebbene la ricerca abbia dimostrato che le tappe di sviluppo del linguaggio siano identiche in tutti i bambini, vi sono grandi variazioni nei ritmi di acquisizione, sia all'interno della stessa lingua, sia nel confronto tra lingue diverse. Ogni lingua consta di settori di complessità e di irregolarità acquisiti con maggior lentezza, accanto a settori in cui l'acquisizione procede rapidamente. Il linguista Dan Slobin,[5] uno specialista in acquisizione del linguaggio, ha sottoposto a test alcuni bambini dai 2 ai 4 anni, parlanti rispettivamente inglese, spagnolo, ebraico, tedesco e turco. Questo studio interlinguistico permette di confrontare le tappe dello sviluppo linguistico delle diverse lingue tra loro. A 2 anni, i bambini che parlano turco hanno acquisito le forme delle sedici declinazioni di questa lingua (le declinazioni esprimono le forme, per esempio, dei complementi, come il complemento oggetto), che sono regolari e determinano il senso della frase; mentre, per esempio, non ci sono declinazioni in inglese. I bambini che imparano l'inglese, che devono basarsi sulla struttura della frase, raggiungono lo stesso livello d'esattezza soltanto a 3 anni e mezzo. Queste differenze mostrano ancora una volta che la prudenza si impone, quando si tratta di giudicare il livello linguistico di un bambino bilingue.

Le condizioni di contatto tra le due lingue

Porre una questione di quantità e qualità di linguaggio, quando si tratta di bambini, ci interessa molto, ovviamente, in una situazione di bilingui-

5. D. Slobin (a cura di), *The Crosslinguistic Study of Language Acquisition*, voll. 1-2, Lawrence Erlbaum, Hillsdale, NJ, 1985.

smo. In generale, nel caso del bilinguismo precoce, una delle lingue è forte, o dominante, poiché uno dei genitori è più presente presso il bambino. In questo caso, la questione che ci sta a cuore, è sapere "quanto" input linguistico (quanto ascolto) è necessario nella seconda lingua, perché il bambino possa produrre degli enunciati (ovvero espressioni, frasi) in quella lingua.

Sembra che, durante i primi anni di acquisizione, la quantità di enunciati che un bambino ascolta pronunciare in una lingua si correli con la produzione che il bambino farà in quella lingua. Un bambino che senta il doppio (di spagnolo) da sua madre, rispetto a ciò che (in inglese) sente da suo padre, produrrà più enunciati in spagnolo che in inglese. È il risultato a cui è giunta un'équipe americana[6] che ha condotto più d'uno studio su bambini dagli 8 ai 30 mesi, cresciuti in famiglie ispano-americane. I bambini che sentivano parlare più in spagnolo che in inglese avevano un vocabolario più povero in quest'ultima lingua. In questo studio, sono stati testati bambini i cui input linguistici (ovvero gli ascolti di frasi nell'una e nell'altra lingua) variavano nelle seguenti proporzioni: da 20% in una lingua e 80% nell'altra, fino a 60% nell'una e 40% nell'altra.

In una famiglia in cui un genitore lavora e l'altro accudisce i figli, la proporzione di tempo che ciascun genitore trascorre con il bambino è ovviamente diseguale. Un apporto linguistico del 20% corrisponderebbe alla situazione linguistica di un padre che rientra tardi dal lavoro la sera e passa poco tempo a interagire in maniera diretta con suo figlio. Beninteso, queste cifre sono solo approssimazioni, essendo certamente difficile misurare con esattezza il tempo trascorso a parlare con un bambino.

Gli autori dello studio riferiscono che i bambini che ascoltavano solo un 20% di spagnolo a casa si rifiutavano di produrre parole in questa lingua in situazioni di gioco. Ciò ha condotto gli autori dello studio a concludere che bambini con un input così ridotto nella seconda lingua non si potevano considerare davvero bilingui.

E noi, che cosa concludiamo da questi risultati? Durante i primi anni di acquisizione sia del linguaggio sia di due lingue, la quantità di input in ciascuna di esse sembra determinare la capacità di parlarla. Sia chiaro che un bambino che ha occasione di ascoltare un 80% di inglese e un 20% di spagnolo imparerà comunque a parlare, perché per innescare l'acquisizione del linguaggio è sufficiente un minimo di input; viceversa, l'acquisizione del bilinguismo, ovvero di due lingue, necessita di un in-

6. D. Pearson et al., "Assessing lexical development in bilingual babies and toddlers", in *International Journal of Bilingualism*, 2, 3, 1998.

put sufficiente nella seconda lingua. Gli autori dello studio citato si spingono oltre, scrivendo: “I risultati di questi studi suggeriscono che il repertorio attivo del bambino bilingue, in ciascuna lingua, è una frazione di ciò che avrebbe appreso se avesse trascorso più tempo con le persone che parlano una delle lingue, e non l’altra”.[7] Nondimeno, sono disposti a concludere che questo non permette di predire che il lessico attivo (il vocabolario effettivamente utilizzato) di un bambino bilingue sarà *sempre* una frazione di ciò che avrebbe appreso se fosse monolingue, perché nel corso dello sviluppo linguistico (e della vita) ci saranno momenti in cui il “ritardo” in una lingua potrà essere colmato.

@ UN BILINGUISMO EQUILIBRATO

Non saprei dire quale lingua mio figlio (che oggi ha 6 anni) abbia cominciato a parlare per prima. Ho l’impressione che abbia utilizzato immediatamente parole di entrambe le lingue, in funzione degli interlocutori, senza mai fare miscugli. Per quanto riguarda il vocabolario, ci prodighiamo perché ogni parola appresa in una lingua sia appresa anche nell’altra, per mantenere l’equilibrio, se possibile. Non è del tutto ovvio, ma ce la facciamo. In conclusione, ho l’impressione che abbia un vocabolario relativamente ricco in entrambe le lingue, anche se fa qualche piccolo errore qua e là… come un bambino di 6 anni, direi…

Si può aiutare il bambino a sviluppare le sue due lingue?

Aiutare un bambino a crescere con due lingue e a sviluppare un riuscito bilinguismo, ovvero dargli la possibilità di usare due lingue regolarmente e a un buon livello, è un’impresa di lunga durata, che richiede vigilanza e attenzione. Non dimentichiamo infatti che, quando un bambino cresce bilingue in un paese monolingue, una delle lingue è in condizione minoritaria, in quanto la parla soltanto una persona nella famiglia, il genitore “straniero”. Di conseguenza, il tempo che ciascun genitore potrà investire nella sua educazione è importante. In effetti, gli studi principali sullo sviluppo linguistico sono stati condotti da uomini, linguisti, appassionati al loro mestiere e dunque doppiamente motivati a investire del tempo nell’interazione con i loro bambini. Un’educazione bilingue è sempre una sfida lanciata al genitore che parla la lingua minoritaria o debole (la lingua non parlata nell’ambiente circostante, e dall’altro genitore): si trat-

7. *Ibidem*.

terà infatti di gestire il suo impiego del tempo e la sua presenza attiva accanto al bambino. Un bilinguismo equilibrato, se non il bilinguismo *tout court*, è compromesso in numerose famiglie in cui il genitore "minoritario" ha pochi contatti con il bambino. Il bilinguismo "attecchisce" meglio nelle famiglie in cui anche l'altro genitore apprende la lingua minoritaria, la valorizza e la parla in presenza del bambino o con lui.[8] Come osserva la linguista Christine Deprez, risulta evidentemente più facile per un francese o una francese imparare l'inglese o lo spagnolo, piuttosto che il bambara. Lo stesso si potrebbe dire per un italiano, rispetto allo swahili, per esempio. La questione della riuscita del bilinguismo si ricollega quindi con quella dello statuto delle varie lingue nella società francese o in quella italiana.[9]

In una famiglia bilingue, dunque, più che in una monolingue, un'attenzione particolare va dedicata al linguaggio del bambino nei primi anni di vita, facendo attenzione alla frequenza delle occasioni di interagire con la lingua minoritaria, alla loro varietà, alla loro attrattiva. Senza interazioni regolari (giochi, canzoni, libri di immagini) con il genitore "minoritario", il bilinguismo risulta compromesso.

@ UN SOSTEGNO PER LA LINGUA "DEBOLE"

Sono inglese, sposata con un inglese d'origine francese. Viviamo in Inghilterra. Mio marito parla in francese ai nostri tre bambini, di 6, 4 e 2 anni. I due più grandi parlano perfettamente le due lingue, ma da quando vanno a scuola parlano sempre meno francese e devono cercare le parole, quando lo parlano. Abbiamo deciso, allora, mio marito e io, per aiutare questa lingua minoritaria, di passare il tempo in cui siamo seduti a tavola tutti insieme parlando francese. Appendiamo una bandierina in cucina. Mi sono dunque messa anch'io a parlare francese, di tanto in tanto, per obbligarli a parlare francese in casa. Risultato: funziona! Il francese ha ritrovato il suo posto a casa, abbastanza naturalmente.

Spesso i casi della vita vengono in aiuto del genitore colpevolizzato per via della sua insufficiente presenza accanto al bambino. Quindi, una visita dei nonni o un viaggio nel paese d'origine del genitore possono fare miracoli. In queste occasioni, si constata un aumento spettacolare del vo-

8. G. Varro, *La femme transplantée. Une étude du mariage franco-américain et le bilinguisme des enfants*, PUL, Lille 1984.

9. C. Deprez, "Le jeu des langues dans les familles bilingues d'origine étrangère", in *Estudios de Sociolinguistica*, 1, 1, 2000, pp. 59-74.

cabolario nella lingua minoritaria, che equivale all'esplosione lessicale tipica del periodo d'acquisizione del linguaggio, nella lingua dominante.

Per concludere, insistiamo sul fatto che il linguaggio non è che *uno* degli elementi dello sviluppo del bambino nel corso dei primi anni, che non va isolato da altre acquisizioni. Il processo di acquisizione del linguaggio, della comunicazione *tout court*, può risultare rallentato o inibito per molte ragioni. Oltre che per manchevolezze nelle funzioni uditive, fonatorie, cognitive esistono altri parametri, di ordine affettivo e psicologico. Diverse ragioni possono essere all'origine di un ritardo linguistico, in rapporto con l'acquisizione del linguaggio (e non di una specifica lingua): spesso questi due aspetti (linguaggio e lingua) sono confusi, anche dai professionisti, quando si hanno di fronte dei bambini bilingui.

La gestione delle due lingue da parte del bambino

Costruzione o confusione?

Benjamin, un bambino di 2 anni, sente parlare francese (da suo padre) e spagnolo (da sua madre). Vive in Francia e frequenta un asilo nido tre volte alla settimana. Benjamin capisce bene entrambe le lingue, ma le mescola. Le mescola a un punto tale che le educatrici non lo capiscono. Come dice sua madre, "solo i bilingui sono in grado di capirlo!".

Come i genitori di Benjamin, la maggior parte di noi conosce queste creazioni verbali e queste produzioni frasali "mescolate": per Juliette, una bimba franco-americana di due anni, un biscotto diventa un "gaki" (da "*gâ*teau" + "coo*kie*") e un sottaceto, un "pinichon" (dall'inglese "*pi*ckle" e dal francese "cor*nichon*").[10]

Stacey, di 18 mesi, di madre inglese e di padre russo, ha trovato un compromesso tra "butter*fly*" e "*baba*chka": la farfalla diventa "*baba*fly".[11] I genitori conoscono anche i "raddoppiamenti", parole tratte dalle due lingue, che sembrano mostrare che il bambino ha compreso che lo stesso oggetto può avere due nomi, come "papà-daddy", "lune-moon", "bitte-please".

Altri bambini si mostrano reticenti a utilizzare tutte le parole di una lingua. Per loro, un oggetto è legato a una sola parola, che può appartenere all'una o all'altra lingua. Quindi, Anna, di 2 anni: "Anna will chaise",

10. Esempi tratti da F. Grosjean, *Life with Two Languages. An Introduction to Bilingualism*, Harvard University Press, Cambridge, MA, 1982, p. 184.
11. Testimonianza tratta dal forum www.enfantsbilingues.com.

ovvero: "Anna vuole (tedesco) sedia (francese)" – sua madre: "Ah, du willst auf den Stuhl?" (Ah, vuoi salire sulla sedia?) – Anna: "Ja, chaise", ovvero: "Sì (tedesco), sedia (francese)".

Questi "miscugli" sarebbero la prova che i bambini non sono in grado di tenere separati i due sistemi linguistici?

La questione centrale, di interesse per gli specialisti, è sapere su quali basi i bambini decidano che tale o talaltra parola, tale o talaltra regola grammaticale appartengono a una lingua e non all'altra.

Nel 1978, due linguiste[12] hanno ipotizzato che, prima dei due anni, i bambini non sarebbero in grado di distinguere tra i due sistemi linguistici, a livello mentale. Lo studio dello sviluppo del linguaggio in due bambini bilingui tedesco/italiano avrebbe dovuto confermare la loro ipotesi. Secondo questo studio, i bambini che sono a contatto con due lingue attraversano diversi stadi di sviluppo. All'inizio non esisterebbe che un solo lessico, da cui il bambino può attingere le sue parole. Abbiamo visto l'esempio della piccola Anna che diceva "chaise" ("sedia", in francese) alla sua mamma tedesca, benché quest'ultima utilizzasse invece la parola tedesca per "sedia", "Stuhl".

È solo verso i due anni che i bambini inizierebbero, secondo le due ricercatrici, a separare i due lessici, ovvero a chiamare lo stesso oggetto con due diversi nomi, nelle due diverse lingue. Anna dirà quindi "chaise" al suo papà, francese, e "Stuhl" alla sua mamma, tedesca.

Soltanto verso i tre anni, i bambini comincerebbero a prendere coscienza dell'esistenza di due sistemi linguistici, e del fatto che le due lingue sono completamente separate, a livello lessicale e grammaticale.

Questa interpretazione della mescolanza dei lessici, quale momento della successione negli stadi dello sviluppo, va a vantaggio, sfortunatamente, della teoria della confusione tra le lingue. Essa è stata ampiamente ripresa, nel corso di circa vent'anni, da vari altri studi, tanto che ha finito per svilupparsi, nell'immaginario del pubblico non addetto ai lavori, l'idea di un sistema linguistico unico, che riunirebbe gli elementi delle due lingue. L'immagine della confusione tra le lingue ha quindi trovato un supporto scientifico. Non è da molto tempo che altri (numerosi altri) studi hanno concluso che i bambini piccoli sono ben in grado di separare i due sistemi linguistici. Prova ne sarebbe l'uso delle due parole (una in ciascuna lingua) per un solo significato, già a partire dall'inizio dell'acquisizione del linguaggio.

12. V. Volterra, T. Taeschner, "The acquisition and development of language by bilingual children", in *Journal of Child Language*, 5, 1978, pp. 311-326.

In effetti, numerose testimonianze (si tratta in genere di osservazioni di linguisti sui loro bambini) riferiscono che bambini di meno di 18 mesi possiedono simultaneamente una parola – la chiamiamo "significante" – in ciascuna lingua, per un solo oggetto – lo chiamiamo "significato". Facciamo l'esempio di Max, un bambino bilingue franco/portoghese che vive in Brasile: a 17 mesi usa sistematicamente "siteplait" ("per favore" in francese, con pronuncia infantile) e "merci" con suo padre, francofono, e "por favor" e "obrigado" con il resto della famiglia, che parla in portoghese.[13] Ursula Lanvers, linguista tedesca che vive in Gran Bretagna, riferisce che il suo bambino bilingue (tedesco/inglese) usa "no / nein" a 14 mesi, "shut / zu" ("chiudi") a 16 mesi e "please / bitte" a 17 mesi.[14] Queste testimonianze mostrano che i bambini sembrano sapere assai presto che la stessa cosa (no, grazie ecc.) non si dice nello stesso modo, a seconda che ci si rivolga al proprio papà o alla propria mamma. Dunque, la tesi di una iniziale confusione delle lingue è oggi confutata.

Nondimeno, gli esempi di mescolanza lessicale che abbiamo citato prima esistono eccome. Ciò che è cambiato è l'interpretazione che ne è stata data. Oggi si sa che la mescolanza lessicale non ha luogo a caso, che ha sempre una funzione, diversa a seconda dell'età dei bambini.

In che modo il bambino organizza le sue due lingue?

La spiegazione più naturale per la mescolanza lessicale (ricordiamo che "lessicale" significa: attinente al vocabolario) nelle fasi iniziali dell'acquisizione è quella della preponderanza di una delle lingue, nell'ambiente in cui il bambino cresce. È durante le attività ritualizzate (bagnetto, gioco, pappa) che il bambino acquisisce parole nuove. Se gli stessi rituali hanno luogo ogni giorno con le stesse persone (e nella stessa lingua), il bambino non avrà occasione di acquisire il vocabolario legato a quella situazione (ciò che riguarda il bagno, per esempio) nell'altra lingua.

È dunque la presenza dell'una o dell'altra lingua in un preciso contesto, nell'ambiente del bambino, che determinerà il numero di parole acquisite in ciascuna di esse. Ciò comporta automaticamente delle lacune nell'altra lingua. È per questo che Livia, bimba franco/neerlandese di 26 mesi, che vive a Londra, si aiuta con l'altra lingua quando non trova la

13. Si tratta di un'osservazione che i genitori hanno riferito sul forum di discussione www.enfantsbilingues.com.

14. U. Lanvers, "Lexical growth patterns in a bilingual infant: The occurrence and significance of equivalents in the bilingual lexicon", in *International Journal of Bilingual Education and Bilingualism*, 2, 1, 1999.

parola giusta: "*Fermer* deur *sinon* kou": "*Chiudere* (in francese) la porta (in neerlandese) *altrimenti* (in francese) freddo (in neerlandese)", dice a suo padre, francofono.[15]

Studi recenti[16] mostrano che la mescolanza lessicale, in bambini di meno di 2 anni, è dovuta, per il 90%, a mancanza di vocabolario. Questa mancanza viene colmata prendendo in prestito il termine appropriato dall'altra lingua: una scelta pragmatica per riuscire nella comunicazione! Non dimentichiamo che il discorso si usa per interagire con gli altri e, quindi, non è che uno strumento di comunicazione. In una situazione di comunicazione tra l'adulto e il bambino, questi vorrà soprattutto essere compreso in fretta, privilegerà soprattutto il contenuto (il messaggio) sulla forma (la lingua), come fa questa bambina franco-tedesca di 3 anni, quando dice alla sorellina più grande: "Tu peut l'araignée *wegmachen*" (puoi *portar via* il ragno).

Sempre con lo scopo di far passare al più presto un messaggio, alcuni bambini hanno la tendenza a scegliere le parole tra quelle più facili da pronunciare. Isabella, spagnola, vive negli Stati Uniti con suo marito, francese. Il suo bimbo, di 23 mesi, frequenta un asilo nido americano e fa rapidi progressi nelle tre lingue. Isabella osserva che, per dare nome agli oggetti, sceglie sistematicamente la lingua in cui la pronuncia è più facile. Dirà perciò "lait" (latte) in francese, "coche" (macchina) in spagnolo e "go down" (scendere) in inglese.

Piuttosto che vedere nel passaggio da una lingua all'altra una confusione mentale, bisogna considerare la lingua sotto l'aspetto della competenza comunicativa. Numerose testimonianze provano che i bambini sono capaci assai presto di scegliere la lingua più adatta al loro interlocutore.

L'adattamento del discorso

L'adattamento del discorso al proprio interlocutore è una delle caratteristiche di tutte le interazioni tra le persone. Tale adattamento è osservabile in tutti i tipi di interazione, a tutti i livelli linguistici. È molto evidente quando un genitore si rivolge a un bambino, o quando si parla a uno straniero.[17] La stessa pratica è stata osservata in bambini di 4 anni che si rivolgono a bambini più piccoli: usano un passo più lento, usano frasi più semplici.

15. J.M. DeWaele, "Three years old and three first languages", in *Bilingual Families Newsletter*, 17, 2, 2000.
16. E. Nicoladis, G. Secco (2000) citati in C. Baker, *Foundations of Bilingual Education and Bilingualism*, cit., p. 90.
17. J.-F. Hamers, M. Blanc, *Bilinguisme et bilingualité*, cit., p. 183.

Niente di diverso fanno i bambini bilingui: stanno attenti al modo di parlare del loro interlocutore o del loro ambiente, e reagiscono di conseguenza. Un'équipe americana[18] ha mostrato che questa capacità d'adattamento è presente in bambini di 2 anni di ambiente bilingue. Quando parlavano con membri esterni alla famiglia, adottavano rapidamente la lingua della persona monolingue, viceversa, con i membri della famiglia, mescolavano le lingue. Più studi suggeriscono che le abitudini linguistiche familiari influenzano fortemente il modo di parlare dei bambini. Se si eccettuano i casi di mancanza di parole all'inizio dell'acquisizione, la mescolanza lessicale è più frequente nei bambini che sono circondati da persone che la praticano.

@ UN PARLARE MULTILINGUE

Sono francese, di genitori portoghesi (a loro volta parlanti francese e portoghese), mio marito è inglese (parla inglese e francese), viviamo in Italia e abbiamo un bambino di 13 mesi. Per lo più gli parlo in francese, ma mi capita di cantargli qualcosa in inglese o in portoghese; in presenza della famiglia, o degli amici, gli parlo in italiano, in inglese, in portoghese o in francese: dipende dalle situazioni. Mi domando se non mi debba limitare a una lingua sola...

In una conversazione tra monolingui, abbiamo diverse possibilità di riprenderci, se il nostro interlocutore non ha colto il messaggio che volevamo trasmettere. Potremo parlare più forte, ripetere, formulare altrimenti il messaggio, ma non potremo cambiare lingua. Per un bambino bilingue, l'incomprensione del suo interlocutore è dovuta innanzitutto all'uso della lingua inappropriata.

Katharina, 3 anni, a suo padre francofono: "Donne la voiture bleue" (dammi la macchina blu). Il papà: "Comment?" (come?). Katharina: "Das blaue!" (quella blu, in tedesco).

Soltanto in seconda battuta, la bimba ripeterà il messaggio, parlerà più forte o cercherà una parafrasi. In linea di principio, questo tipo di reazione all'incomprensione dell'interlocutore non è possibile che in un ambiente bilingue, ovvero se il bambino sa che il suo interlocutore capisce due lingue.

I bambini gestiscono diversamente le situazioni di incomprensione da

18. F. Genesee (1996) citato in C. Baker, *Foundations of Bilingual Education and Bilingualism*, cit., p. 91.

parte dell'interlocutore, in funzione delle loro competenze in ciascuna lingua. In un ambiente in cui domina una sola lingua, i bambini non sono ugualmente veloci nel produrre enunciati nell'altra lingua. Quando la situazione richiede che facciano ricorso alla loro lingua "debole", gli tocca ricorrere a prestiti dalla lingua forte, o dominante, oppure rassegnarsi all'insuccesso nella comunicazione. La bambina di Carine comprende perfettamente il tedesco e il francese, ma parla soprattutto francese. Intorno ai 3 anni, in occasione di una visita della famiglia in Germania, dove nessuno capiva il francese, la bimba perseverava nel parlare francese, come racconta sua madre: "Vedeva bene che nessuno la capiva, ma questo non ha fatto differenza per lei: ha continuato a parlare francese". Secondo la madre, la bambina deve essersi detta: "Dal momento che io li capisco, devono ben capirmi anche loro".

@ UNA LOGICA INECCEPIBILE

Hélène vive in Cile e non ha quasi contatti con altri francofoni, tanto che Felipe, il suo bambino, non parlava francese e lo comprendeva poco. Quando Felipe aveva 4 anni, Hélène è venuta a passare quattro mesi in Francia, e ha iscritto Felipe alla scuola dell'infanzia francese. Racconta: "A poco a poco, Felipe ha cominciato a capire il francese, ma si rifiutava di parlarlo. Questa situazione è durata fino alla fine del terzo mese quando, all'improvviso, si è messo a parlare francese e ha rifiutato completamente di parlare spagnolo, persino per telefono, con suo padre, che era restato in Cile. Quando gli abbiamo domandato perché mai si rifiutasse di parlare spagnolo, ha risposto: "Da bambini, si parla spagnolo – ma quando si diventa grandi, si parla francese!".

Prima o poi, in funzione delle abitudini linguistiche della famiglia, qualcosa scatta, e i bambini adattano la loro comunicazione a una situazione monolingue, come testimonia la storia di Eve, una bambina bilingue franco/inglese, che vive in Gran Bretagna. In occasione delle sue visite in famiglia, in Francia, dove nessuno capisce l'inglese, Eve sembrava inizialmente a disagio a passare al francese, e provava spesso a parlare in inglese. Preferiva abbandonare la partita, piuttosto che cambiare lingua. Verso i 3 anni, racconta sua madre: "Qualcosa è davvero scattato: Eve ha preso coscienza del fatto che tutti, intorno a lei, parlavano e capivano solo il francese. Da quel giorno in poi, non ha più provato a rivolgersi loro in inglese, e quando le si presentavano delle difficoltà in francese, si toglieva d'imbarazzo parafrasando".

Far differenza tra le lingue, a seconda di coloro con cui si parla

Differenziare le lingue in funzione delle persone, ovvero scoprire che bisogna esprimersi diversamente con il papà e con la mamma, conduce progressivamente verso la presa di coscienza che si possiedono due lingue diverse.

Nel corso del processo di differenziazione di questi due sistemi, alcuni bambini associano la lingua, spesso in modo rigido, a una persona, o a un contesto, o a un luogo geografico. I genitori raccontano spesso che i loro bambini considerano la lingua una particolarità della persona, come il colore della pelle o dei capelli. I bambini sembrano così attaccati a questo attributo che manifestano spesso un'autentica delusione quando la persona cambia lingua.

Katharina, bimba franco/tedesca di 2 anni, si metteva a piangere arrabbiata, ogni volta che questa regola veniva trasgredita. Un giorno, Katharina guarda delle foto con i genitori (madre tedesca, padre francese), la madre, distratta, le dice in francese: "Regarde la petite fille!" ("Guarda la bambina!") e Katharina, irritata, le risponde: "Pas *fille*!" ("Non *fille*!"). Mostra con il dito il papà e dice: "Toi, *fille*" ("Tu, *fille*", in francese). Poi mostra la mamma: "Toi, *Mädchen*!" (ovvero, la stessa frase, ma la parola per "bambina" questa volta è in tedesco). Se la sua mamma si fosse messa una parrucca blu, la reazione di Katharina non sarebbe potuta essere più violenta!

Per Anna, franco/tedesca che vive in Francia, la ripartizione delle lingue secondo il luogo geografico era molto chiara. Tra i 2 e i 3 anni, in occasione di numerosi viaggi in Germania, il passaggio della frontiera segnava per lei il cambiamento di lingua. I genitori avevano preso l'abitudine di annunciare il passaggio della frontiera: "Nous voilà en France!" ("Eccoci in Francia!"), "Wir sind in Deutschland!" ("Siamo in Germania!"). A ogni annuncio riguardo al cambiamento di paese, Anna si metteva a parlare molto chiaramente in tedesco o in francese, a seconda del paese in cui si trovava.

Ricorrendo alla lingua che si adatta all'interlocutore, il bambino manifesta la sua coscienza del contesto sociale (è dunque una differenziazione pragmatica). Ciò lo condurrà, poco alla volta, a comprendere che le parole appartengono a due lingue diverse, a due sistemi diversi. Nel monologo che segue, Felipe, un bambino di 26 mesi, bilingue tedesco/spagnolo, esplicita la cosciente associazione di ciascun repertorio di parole a ciascun genitore: sta sparecchiando con la madre, e recita tutti i nomi delle cose: "Papa-mama: agua-Wasser; papa-mama: vino-Wein; papa-

@ BILINGUE IN FLORIDA

Daniel ha 5 anni, io gli parlo in francese, suo padre in americano, viviamo in Florida. Daniel cambia lingua a seconda dei suoi interlocutori, senza sbagliare mai. Non gli è mai stato detto nulla in proposito, nessuna spiegazione, nessuna richiesta di parlare una lingua piuttosto che un'altra. Lo ha sempre fatto spontaneamente, a partire dalle prime parole (nelle due lingue) che sono entrate nel suo repertorio. Ciò genera conversazioni epiche a tavola, dove parla in inglese (e quindi so che non si rivolge a me, ma a suo padre), poi in francese (e allora il messaggio è per me)... Stessa cosa con i compagni. Tra franco/americani, e franco/francesi, la lingua che usano tra loro più di frequente è il francese – ma passano all'inglese spontaneamente se si aggiunge al gioco un bambino che non parla francese.

mama: plato-Teller".[19] Se il modo di parlare "bilingue" persiste oltre i 3 anni, ciò accade sicuramente come riflesso delle abitudini linguistiche dell'ambiente. I bambini continuano a "mescolare" se tutti, intorno a loro, comprendono le due lingue. Jérôme, bimbo franco/spagnolo di 4 anni che vive in Spagna, ha scelto di "ricorrere a dei prestiti" dalla sua lingua dominante. Comprende perfettamente il francese, ma persiste a parlare in spagnolo anche con sua madre, francese. La mamma racconta: "Un giorno, disperata di non sentirlo mai arrivare a dire qualche parola in francese, mi sono comportata come se non capissi. Ha ripetuto la frase gridando, e io gli ho risposto con grande calma che non ero sorda, soltanto, non lo capivo. Dopo qualche minuto di riflessione, mi dice in tono esasperato: 'Hay *zoiseaux* en el *ciel*'" ("Ci sono degli uccelli in cielo": dove "ci sono" e "nel" sono spagnoli, mentre "cielo" e "uccelli" sono in francese, quest'ultimo in un buffo francese). Come per mostrare che ha ben compreso il trucchetto della mamma, Jérôme le concede i "zoiseaux" e il "ciel", conservando tuttavia la struttura della frase in spagnolo. Con ciò, mostra di non essere uno sciocco: non si sforza di costruire l'intera frase in francese, lui sa perfettamente che la madre comprende entrambe le lingue! Si pensa oggi che le "mescolanze" siano influenzate sostanzialmente dalle pratiche linguistiche che il bambino incontra attorno a sé. In famiglie o in comunità in cui le lingue non sono rigorosamente separate, i bambini sembrano più inclini a riprodurre questa pratica di alternanza dei codici.

19. Testimonianza comparsa su un forum di discussione in tedesco.

L'alternanza dei codici

Nella famiglia di Elisa, una donna francese che vive in Germania, tutti parlano francese, tedesco e inglese. Suo marito è bilingue francese/tedesco e la nonna paterna, inglese, abita alla porta accanto. Le lingue circolano liberamente e sono frequenti delle frasi miste come: "Mamie, *we want to* aller au **Garten**" ("Nonna, vogliamo andare al giardino", con parole francesi, inglesi e tedesche nella stessa frase). Tutti nella famiglia, anche Elisa, sono coscienti dello stile particolare del loro discorso. Hanno chiamato questo parlare trilingue "FRED" (Français-English-Deutsch), e FRED viene utilizzato tra i membri della famiglia, ma non impedisce ai bambini, proprio come agli adulti, di usare un tedesco corretto al di fuori del contesto familiare.[20]

L'alternanza dei codici è uno stile di comunicazione frequente tra persone che padroneggiano le stesse lingue. In genere, ciascuno introduce nel suo discorso qualche parola dalla lingua dominante (in Francia, il francese diventa immediatamente lingua dominante per tutti), a partire dal fatto che il termine non ha equivalenti esatti nell'altra lingua. È il caso, per esempio, di due mamme tedesche che si incontrano a Parigi e parlano delle scuole dei loro figli. I termini scolastici, come "devoirs", "goûter", "maîtresse" (compiti, merenda, maestra), riflettono meglio il loro vissuto riguardo alla scuola francese che i corrispondenti termini tedeschi, ed entreranno, del tutto naturalmente, nella loro conversazione in tedesco. Beninteso, se le stesse persone dovessero raccontare un avvenimento, relativo alla scuola francese, a qualcuno della famiglia, ma in Germania, utilizzerebbero parole tedesche per dire le stesse cose.

@ PARLARE "SPAGNESE"

Sono nata in Argentina da genitori francesi, ho trascorso l'infanzia in America Latina. Vivo in Francia, ormai, da vent'anni. Continuo a parlare lo spagnolo con i miei fratelli e sorelle, che hanno lo stesso mio rapporto con lo spagnolo: vale a dire che passiamo al francese quando non troviamo la parola in spagnolo. Quando ho saputo che avrei avuto un bambino, mi sono posta la questione di scegliere la lingua che avrei parlato con il mio bimbo/bimba. E allora, nonostante la mia pratica con lo spagnolo fosse meno assidua, mi sono resa conto che la cosa più naturale per me era di passare da una lingua all'altra.

20. Testimonianza comparsa su un forum di discussione in tedesco.

L'alternanza dei codici è una pratica diffusa nelle comunità bilingui, come quelle che vivono lungo la frontiera messicano/statunitense. Non diversamente, nel Galles, la mescolanza linguistica è un modo di comunicazione corrente, che non pone problemi particolari ai bambini.

Nelle situazioni di "parlare bilingue", accade a volte che gli adulti si facciano richiamare all'ordine dai bambini: Cecilia e suo marito sono russi e vivono in Gran Bretagna. Il loro bambino di 5 anni frequenta la scuola inglese: "Parliamo in russo tra di noi e ci capita spesso di usare termini inglesi nella conversazione, come 'traffic' o 'deck'. Ogni volta, il nostro bambino di 5 anni pensava che si trattasse di parole russe e ci domandava come si dicesse in inglese! Ora ci sforziamo molto di più di non mescolare le lingue".

Chiaramente, tutti questi adulti e bambini che alternano i codici sono perfettamente in grado di parlare una lingua "pura" e ne danno prova quando parlano con interlocutori monolingui, ma, per dirla con Elizabeth, una franco/inglese di 30 anni: "Sono più a mio agio quando non devo separare le mie due lingue, ci si intende al volo tra bilingui, si possono usare parole 'adattate' dall'altra lingua, e questo genera immediatamente complicità".

Che fare della mescolanza linguistica?

Secondo molti ricercatori, i bambini riproducono la pratica di alternanza dei codici dei loro genitori. È quindi l'esempio degli adulti che è responsabile di una gran parte delle mescolanze all'inizio dell'acquisizione linguistica. Si è potuto dimostrare, tuttavia, che i figli di genitori che non separano le lingue acquisiscono comunque una competenza comunicativa efficace in due lingue.[21]

Malgrado ciò, molti genitori sono sensibili agli argomenti di parenti e amici che si preoccupano della mescolanza linguistica nel bambino. Un modo per rassicurarli – e rassicurarsi – è di non correggere la produzione "mescolante" del bambino, ma di riprendere la frase proponendone un modello coerente: Anna, di 28 mesi: "Voglio *essen*" ("Voglio mangiare", metà in tedesco, metà in italiano), e il suo papà, di rimando: "Ah, vuoi mangiare? To', ecco la merenda".

Un mezzo infallibile per sviluppare ciascuna lingua separatamente è il contatto frequente con persone realmente monolingui, che il bambino

21. C. Baker, *op. cit.*, p. 89.

conosce bene. Una nonna, una zia, lo aiuteranno a sviluppare le sue capacità d'espressione nella lingua minoritaria e a distinguere i due sistemi linguistici in suo possesso.

Bisogna sapere che l'alternanza dei codici come mezzo di comunicazione è assai frequente nelle famiglie, come hanno mostrato molti studi condotti, in Francia, sulle pratiche linguistiche delle famiglie migranti. Da questi studi risulta che le due lingue sono parlate a casa da più di tre famiglie su quattro, più spesso come alternanza di codici. Per quanto riguarda il bilinguismo francese più una lingua africana, le due lingue compaiono nell'80% dei casi, nelle interazioni tra genitore e bambino.[22]

Si intende che, nella maggior parte di queste famiglie, si tratta di un bilinguismo di fatto (per via della migrazione dei due genitori) e non di una scelta di bilinguismo (come nelle coppie miste).

@ UNO STILE PARTICOLARE

Di fatto, la lingua che uso con lei è il "franceco". Nostra figlia ha 28 mesi, mio marito è francese, io ceca, io non padroneggio il francese alla perfezione, ma molto spesso mi accade di parlarle in francese quando altre persone sono insieme a noi, oppure di parlarle in francese e ceco, quando il suo papà è insieme a noi (per non dover tradurre per lui). Mia figlia, per conto suo, non ha problemi, passa da una lingua all'altra senza difficoltà e sa bene chi parla che cosa, in famiglia.

22. C. Deprez, "Le jeu des langues dans les familles bilingues...", cit., pp. 59-74.

4

Il bilinguismo precoce consecutivo

Dai tre ai sei anni

Una seconda lingua a 3 anni

L'incontro con una nuova lingua

Stéphanie e suo marito sono andati a vivere in Inghilterra quando i loro bambini avevano, rispettivamente, 3 anni e mezzo e 2 anni: "Da un giorno all'altro, si sono dovuti confrontare con l'inglese. Gli ci è voluto circa un anno per sentirsi a loro agio con l'inglese. Hanno parlato a lungo mescolando le due lingue, soprattutto la più piccola; a casa non parliamo che francese, salvo quando invitiamo amici inglesi. Oggi, tre anni più tardi, i bambini sono perfettamente bilingui".

Lo stesso copione si recita, in Italia, in Francia e in molti altri paesi, quando migliaia di bambini fanno il loro ingresso nella scuola dell'infanzia: bambini nati in Italia, o recentemente arrivati con i genitori, bambini cresciuti, inizialmente, parlando una lingua diversa dall'italiano. Per alcuni, l'italiano era già una specie di rumore di fondo, che li accompagnava per la strada, nei negozi, alla televisione. I bambini nati in Italia "conoscevano" già, in certo qual modo, la lingua, senza aver avuto bisogno di appropriarsene, come mezzo di comunicazione. Per loro, è in genere l'ingresso nella scuola dell'infanzia che marca l'inizio dell'acquisizione attiva dell'italiano come lingua seconda (L2). Coloro che sono appena arrivati, invece, si avventurano per un terreno completamente sconosciuto. All'inizio, il bambino ha davanti a sé un muro di suoni, voci, tonalità incomprensibili. Suppone che dietro questo muro virtuale si aprirà per lui un nuovo mondo, arriveranno nuovi amici, nuove musiche si faranno sentire. Nell'immediato, tuttavia, deve trovare la chiave per entrare. Quali sono i mezzi a sua disposizione per arrivarci? All'inizio, certo, le sue capacità sociali, la sua curiosità, il suo bisogno di fare nuove amicizie.

Se la lingua materna rappresenta la cellula familiare, la seconda lingua simbolizza l'apertura alla società, il primo passo verso il gruppo allargato. L'acquisizione di questa lingua è condizionata dall'interazione con i membri della società di accoglienza. Se il bambino non prova il bisogno di entrare in contatto con le persone che incontra all'esterno della famiglia, o se il contatto con questa società prende una cattiva piega, la seconda lingua non potrà svilupparsi nel modo giusto. Per comprendere le tappe di acquisizione di una seconda lingua nella prima infanzia, bisogna interessarsi innanzitutto al comportamento sociale del bambino.

L'ingresso nella scuola materna è una tappa decisiva sotto molti aspetti: il bambino abbandona l'ambiente rassicurante della famiglia per entrare in un nuovo spazio, dove deve per prima cosa trovare riparo e protezione. Si trova di fronte bambini e adulti che non conosce e con cui dovrà convivere per lunghe ore. In questo nuovo ambiente, dovrà ricorrere a diverse strategie per adattarsi: imparare ad affrontare il proprio stress, la propria angoscia, la propria curiosità.[1] Una volta superate le prime paure, dovrà concentrare i suoi sforzi sulla sua integrazione in questo piccolo mondo. Dovrà crearsi uno spazio nel gruppo, trovare una posizione in relazione agli altri. Questo apprendimento della vita di gruppo, questa socializzazione, è identica per tutti i bambini, che conoscano o meno la lingua con cui si comunica. Se non la padroneggiano, tuttavia, una dimensione supplementare va ad aggiungersi alle strategie necessarie per integrarsi nel mondo della scuola.

Il piccolo "non italofono", se è nato in Italia, ha tuttavia un vantaggio sui suoi pari italofoni. Avrà già capito che diversi modi di parlare possono coesistere: accompagnando sua madre dal panettiere, avrà appreso molto presto che la formula per chiedere del pane è diversa da quella che utilizza normalmente a casa. Forse avrà già acquisito le basi delle due lingue, se i genitori parlano ciascuno una lingua diversa, e ne usano poi una terza quando comprano del pane. È ciò che accade a Julia, 3 anni e mezzo, che vive in Germania con la sua mamma francese e il suo papà spagnolo. Secondo sua madre, la bimba conosce molte parole nelle tre lingue. Sa per esempio che la mamma dice "chaussure", il papà "zapatos" e Michaela, la maestra, "Schuhe". Certo, il caso di Julia che cresce parlando tre lingue è più raro di quello di un bambino di genitori non italofoni che affronta la sua seconda lingua nella scuola dell'infanzia italiana. Ma anche lei non sarà poi così stupita di ritrovare a scuola la lingua della panettiera, del telegiornale e dei vicini di casa.

1. B. Zazzo, *Un grand passage: de l'école maternelle à l'école élémentaire*, PUF, Paris 1979.

Comunicare in una nuova lingua, una strategia sociale

La psicolinguista americana Lily Wong Fillmore[2] è tra i pochi specialisti che sottolineano l'importanza dei fattori sociali nell'acquisizione della seconda lingua. Secondo lei, il primo compito del bambino esposto alla seconda lingua è stabilire relazioni sociali con i suoi interlocutori. Non è detto che il bambino sarà consapevole di possedere un'altra lingua, ma il suo interesse si rivolgerà verso gli altri bambini e la sua preoccupazione sarà di farsi accettare da loro. Più il bambino è piccolo, più la sua comunicazione dipende dal contesto: gran parte degli scambi tra bambini piccoli passa attraverso la comunicazione non verbale. Se ne può dedurre che un bambino di 3 anni sarà meno sconcertato dal fatto che i suoi nuovi interlocutori non parlino "come i suoi genitori" di quanto non possa esserlo un bambino più grande. Troppo spesso i genitori dicono di essere angosciati perché i loro bambini non parlano la lingua della scuola, e non sembrano invece coscienti dello shock che subisce un bambino che entri in un ambiente sconosciuto.

Per imparare a comunicare nella nuova lingua, il bambino deve per prima cosa saper prendere la parola e passarla al suo interlocutore, deve poter condurre una conversazione. Questo aspetto conversazionale appare quindi fondamentale per l'apprendimento della seconda lingua, ma è stato poco studiato. La linguista Deborah Keller-Cohen[3] ha osservato tre bambine di età compresa tra i 4 e i 6 anni: una bimba giapponese, una finlandese e una svizzera di lingua tedesca, che imparano l'inglese come seconda lingua, in interazioni con adulti anglofoni. Keller-Cohen ha potuto osservare varie strategie per passare la parola all'adulto, come le domande e le richieste di rivolgere l'attenzione ("Guarda!"). La linguista ha anche osservato che la presa di parola da parte dei bambini raddoppia o triplica, nel corso di otto mesi. Ciò significa che, con il passare del tempo, i bambini raggiungono una maggiore sicurezza e prendono l'iniziativa più spesso, per cercare il contatto con l'adulto anglofono.

Carine, che è nata a Parigi da genitori tedeschi, ha 3 anni, e fa il suo ingresso nella scuola dell'infanzia francese. Dopo alcuni giorni di osservazione, decide di affrontare questa lingua che non conosce: per tutta la giornata, rimane vicina alla maestra e non appena questa ha un momento libero, la bambina la prende per la mano e la conduce verso vari og-

2. J.-F. Hamers, M. Blanc, *Bilingualité et bilinguisme*, cit., p. 357.
3. D. Keller-Cohen, "Sistematicity and variation in the non-native child's acquisition of conversational skills", in *Language Learning*, 29, 1, 1979, citato in J.-F. Hamers, M. Blanc, *Bilingualité et bilinguisme*, cit., p. 358.

getti o compagni, usando con lei sempre la stessa parola, l'unica che conosce: "Ça?", e sta alla maestra nominare l'oggetto in questione o il nome del bambino. In questo modo, Carine ha imparato il francese, in poche settimane.

Lily Wong Fillmore ha osservato per molti mesi il comportamento di cinque bambini ispanofoni di età compresa tra i 4 e i 5 anni, subito dopo il loro arrivo in una scuola dell'infanzia californiana.[4] Nel suo libro, si descrivono le strategie sociali che i bambini utilizzano per potersi integrare nel gruppo, e partecipare alle attività. Malgrado non comprendano ancora bene l'inglese, si uniscono al gruppo facendo finta di capire ciò che viene detto, utilizzano espressioni fisse come "dai", "è mio", "finito": in questo modo, danno l'impressione di capire.

Queste formule fisse, usate di proposito, sono la chiave per farsi accettare dagli altri. Avranno quindi l'effetto di ottenere delle repliche dai pari, e così nuove espressioni potranno essere apprese. Si forma così una maggiore sicurezza, che permetterà al bambino di progredire nella seconda lingua. Ovviamente, la personalità del bambino gioca un ruolo importante nell'avvicinamento a un nuovo ambiente e dunque alla nuova lingua e ne determina la rapidità della progressione.

Gli stili di apprendimento

Sin dai primi lavori sull'acquisizione del lessico, alcuni ricercatori americani hanno mostrato differenze "stilistiche" nell'acquisizione delle prime cinquanta parole. Secondo questo studio, alcuni bambini darebbero prova di uno "stile referenziale" e altri di uno "stile espressivo". Gli uni sembrano privilegiare la funzione referenziale del linguaggio, e tendono ad acquisire soprattutto nomi comuni per designare oggetti, laddove altri sono più interessati alla funzione sociale del linguaggio, utilizzando più formule, elementi espressivi, vocabolari più vari.

Questi stili d'acquisizione sono stati descritti in modi non dissimili, nei bambini più grandi: li ritroviamo in tutti i campi dell'apprendimento, e non solo nei bambini ma anche negli adulti. Gli stili descritti per l'acquisizione del primo lessico sono l'equivalente di ciò che altri ricercatori hanno chiamato lo stile "olistico" ("espressivo") e "analitico" ("referenziale"). I bambini "olistici" privilegiano la comunicazione, senza

4. L. Wong-Fillmore, "Individual differences in second language acquisition", in C. Fillmore, D. Kempler, W. Wang (a cura di), *Individual Differences in Language Ability and Language Behaviour*, Academic Press, New York 1979, pp. 203-228.

attribuire troppa importanza all'esattezza dell'enunciato. Si interessano alle persone, conoscono espressioni complesse, ripetono frasi intere ed espressioni complicate.[5]

I bambini analitici sono più interessati alle cose e ai contenuti dell'apprendimento. Utilizzano più nomi, conoscono più parole, usano aggettivi, si interessano alla costruzione del linguaggio, alle regole soggiacenti. Sono più consapevoli della lingua come oggetto, e la utilizzeranno – parleranno – solo nel momento in cui si sentiranno sicuri di usarla bene. Sembrerebbe che i bambini "olistici" comincino a parlare prima e facciano progressi più rapidi nel parlare la seconda lingua. Viceversa, i bambini analitici avanzeranno più rapidamente nell'acquisizione del vocabolario e della grammatica.[6]

Gli stili d'apprendimento condizionano in parte l'atteggiamento del bambino che arrivi in un luogo in cui non comprende la lingua. Si possono distinguere quattro tappe. In un primo tempo, egli scopre che gli altri usano una lingua diversa da quella che si parla a casa. Per prima cosa, prova a parlare con loro la lingua che si parla a casa. Tanto più è piccolo, tanto più insiste in questa strategia. Quando si accorge di non essere compreso, attraversa una fase di "mutismo", non usa più la lingua per comunicare, ma solo la mimica, i gesti, o segue senza parlare un invito al gioco. Durante questa fase, il bambino dà l'impressione di essere passivo. In realtà, è estremamente attivo: si lascia impregnare dalla nuova lingua, ne assorbe i nuovi suoni, la melodia, cerca di frammentarne il flusso per scoprirvi delle formule, delle espressioni a cui attaccarsi. Si tratta di un periodo molto importante per l'acquisizione linguistica: è importante tener conto del fatto che il bambino che ha smesso di parlare non ha per questo smesso di comunicare. Secondo un ricercatore che ha descritto le diverse fasi dell'adattamento, P. Tabors,[7] non bisogna far pressione sul bambino perché esca dal suo mutismo. Ciò avrebbe per conseguenza un rallentamento del processo di acquisizione del linguaggio.

Dopo la "fase silente", sarà la volta della fase del "linguaggio telegrafico", che rassomiglia allo stile telegrafico presente all'inizio dell'acquisizione del linguaggio e delle espressioni. Si tratta di formule che il bambino capta così come sono, e usa per poter entrare in contatto con gli altri bambini. L'ultima fase è quella della produzione di frasi corrette. Gli er-

5. E. Bates et al., *From First Words to Grammar: Individual Differences and Dissociable Mechanisms*, Harvard University Press, Cambridge 1988.
6. *Ibidem*.
7. P. Tabors, "English language learners in early childhood education classrooms: Development, assessment, and strategies", presentation at the National Association for the Education of Young Children's Annual Conference, Anaheim, CA, 1997.

rori sono ancora frequenti, ma normali nel processo di acquisizione della seconda lingua.

Un'équipe americana[8] ha studiato il comportamento di nove bambini cinesi monolingui, di età compresa tra i 3 e gli 8 anni, in una scuola anglofona. Sei di loro hanno attraversato una "fase silente", che è durata da tre a sei mesi, durante la quale hanno partecipato ai giochi e interagito con i loro pari anglofoni a livello non verbale, ma parlando esclusivamente con i pari che condividevano la loro lingua materna. Ai bambini veniva poi chiesto, individualmente, quali fossero i loro sentimenti in un gruppo di cui non comprendevano la lingua. Uno dei bambini spiegò che, poiché gli insegnanti e gli altri bambini non avrebbero imparato il cinese, sarebbe stato lui a imparare l'inglese per poter parlare con loro. Un'altra bambina spiegò che era troppo difficile parlare con gli insegnanti, "a causa dell'inglese", e per questo aveva deciso di non parlare più con loro. Lo studio riferisce che quando i sei bambini cominciarono a parlare inglese, dopo qualche settimana produssero enunciati complessi e senza errori, collocandosi allo stesso livello dei bambini che non avevano attraversato alcuna fase silente.

A differenza del bambino osservatore, "analitico", i bambini estroversi, di stile "espressivo", si lanciano facilmente. Come Carine, la bambina tedesca citata prima, si avvicineranno ai bambini che parlano bene la lingua nuova, privilegeranno il gioco di ruolo e troveranno più spesso che possono avere diverse occasioni per mettere alla prova la nuova lingua. Gli altri bambini restituiranno loro queste attenzioni: adatteranno la loro lingua al livello di acquisizione del compagno, semplificando l'enunciato.

La costruzione per stadi

Vi è una questione essenziale, che si pone quando ci si interessa all'acquisizione precoce di una seconda lingua: questa acquisizione segue gli stessi stadi di sviluppo della lingua materna o si sviluppa diversamente? Per rispondere a questa domanda, bisognerà tener conto di due aspetti importanti: da una parte, l'acquisizione della seconda lingua si fa quando lo sviluppo intellettuale ha raggiunto uno stadio più elevato di quello raggiunto in occasione dello sviluppo della lingua materna; d'altra parte, nel momento in cui prende contatto con la seconda lingua, il bambino possiede già un bagaglio linguistico, quello della sua lingua materna.[9]

8. M. Saville-Troike, "Private speech: Evidence for second language learning strategies during the 'silent' period", in *Journal of Child Language*, 15, 1988.
9. J.-F. Hamers, *op. cit.*

Beninteso, verso i 3 anni d'età, quando in Francia e in Italia si entra nella scuola materna, l'acquisizione del linguaggio è lungi dall'essere terminata, ma il bambino ha già acquisito un vocabolario importante e ha cominciato ad abbordare la fase sintattica, quella in cui impara le regole che reggono la formazione degli enunciati della lingua. Sebbene le differenze individuali siano importanti e visibili, tutti i bambini hanno appreso le basi di una comunicazione riuscita: sanno domandare, indicare, esprimere un rifiuto, un dispiacere, un desiderio, man mano che usano la lingua dei loro genitori.

A confronto con gruppi di bambini e di adulti che usano una lingua a lui estranea – anche nel caso in cui le sonorità gli siano familiari – il bambino deve trovare il modo di decifrare un nuovo codice linguistico.

L'uso di formule fisse, di "frasi prefabbricate", è il tratto più rimarchevole quando si osserva il comportamento linguistico del bambino, durante le prime settimane. Il bambino ricorre a frasi fatte: in questo modo, imita ciò che ha sentito dire attorno a lui a scuola, per strada o in televisione.

In uno studio americano,[10] quattro bambini giapponesi sono stati osservati, durante la loro *full immersion* in una scuola dell'infanzia americana. La progressione dalla formula fissa verso le frasi ben formate passa per tre tappe distinte: all'inizio il bambino coglie un'espressione ricorrente (per esempio, "è mio"), che usa nelle interazioni sociali ogni volta che gli sembra opportuno. In una seconda tappa, frazionerà l'espressione per estrarne delle regole linguistiche. Questa analisi gli permetterà di sostituire una parola con un'altra o di aggiungerne una ("è mio camion"), per arrivare finalmente a creare frasi corrette ("è mio il camion").

Aya, una delle bambine giapponesi che hanno preso parte allo studio citato, utilizza, per cominciare, indifferentemente la formula "more cracker please" ("ancora un biscotto") per chiedere della frutta o per chiedere da bere. Poco più tardi, modifica la formula per chiedere una mela o dell'insalata ("more apple please", "more salad please"), ma la usa anche per domandare una forchetta: "more fork please".

Le formule fisse, le frasi prefabbricate, hanno una doppia utilità: da una parte il bambino entra in contatto con i pari grazie a queste formule, in seguito, analizzando progressivamente le espressioni, impara a costruire, da solo, alcune frasi nella seconda lingua.

10. P.N. Shibata, "The role of prefabricated language in young children's second language acquisition", in *Bilingual Reaseach Journal*, estate 2001.

Aiutare il bambino nell'acquisizione della seconda lingua

Abbiamo appena visto come il bambino costruisca la sua nuova lingua grazie a strategie sociali e cognitive. Ciò permette di capire quanto sia importante l'interazione con persone che parlano con il bambino nella loro lingua madre. Il bambino elabora la maggior parte del nuovo codice nel corso dell'interazione con altri bambini e non in attività linguistiche formali con un adulto.

Assistiamo oggi in Francia a una moltiplicazione di offerte di "invito" o di "risveglio" linguistico: di solito l'inglese. Perché sia efficace, ogni metodo di questo genere dovrà tener conto delle particolarità del processo d'acquisizione del bambino piccolo. Non basta far sfilare immagini su uno schermo televisivo e far ripetere al bambino parole e frasi che vi compaiono. Piccoli film possono fare da complemento ad altre attività gradevoli e varie tra bambini e con l'adulto, ma in nessun caso possono costituire la parte essenziale di un "metodo". Le attività di risveglio hanno inoltre l'inconveniente di svolgersi in un ambiente in cui la comunicazione nella lingua straniera non è naturale, poiché si tratta di attività che coinvolgono in genere solo bambini francofoni.

La situazione è evidentemente tutt'altra per bambini che sono immersi in una seconda lingua nel corso di tutta la giornata. In questo caso, e malgrado le differenze di stile nell'approccio, tutti finiscono per appropriarsi della nuova lingua. L'arrivo nella scuola dell'infanzia è innanzitutto uno shock emozionale per il bambino, e successivamente ciascuno

@ LA PRESSIONE ESERCITATA DALLA SCUOLA

Quando siamo arrivati dall'Ucraina, con mio marito, nostra figlia Lena aveva quasi 4 anni. L'abbiamo subito iscritta alla scuola dell'infanzia, con lo scopo di farle imparare il francese. Io stessa non lo parlavo bene, avevo fatto dei corsi sei mesi prima di venire in Francia. Nonostante ciò, le insegnanti mi hanno fatto la guerra dal primo giorno: "Bisogna che le parliate in francese, a casa", mi dicevano. Quando ho manifestato il desiderio di parlare la mia lingua materna con mia figlia, le hanno trovato un difetto di pronuncia nella "s", ed è stata sottoposta a sedute di ortofonia. Malgrado ciò, la maestra e la direttrice della scuola hanno continuato a criticare il nostro modo di fare e a farmi paura, perché a casa parlavamo russo! Io ho tenuto duro: che altro avrei potuto fare, con il mio livello di francese? Alla fine, constato che avevo avuto ragione: ora Lena ha finito il primo anno della scuola elementare, sa leggere il francese e il russo ed è la prima della classe.

adotta delle strategie corrispondenti alla sua personalità, per gestire la situazione. I primi mesi sono un periodo sensibile, perché si tratta del momento in cui genitori impazienti e insegnanti poco aggiornati fanno pressione sul bambino, lo giudicano, lo ricoprono di qualificazioni negative. È importante accordare un periodo di silenzio al bambino senza lanciarsi in interpretazioni fallaci del tipo "ritardo linguistico", "rifiuto di parlare". Per alcuni genitori non è facile vedere il loro bambino muto, che se ne sta in disparte, atteggiamento spesso interpretato come "difficoltà" di integrazione. Questa situazione è colpevolizzante per i genitori, che si rimproverano di non aver introdotto la lingua scolastica già in famiglia. È un periodo in cui bisogna aver fiducia nel bambino e a volte resistere alle previsioni delle Cassandre di ogni sorta.

Quale metodo per un bilinguismo riuscito?

Quando, nel 1908, il linguista Jean Ronjat domandava consiglio al suo collega Maurice Grammont, a proposito del giusto metodo per far crescere suo figlio Louis come bilingue, questi gli rispose che ciascun genitore non aveva da fare altro che parlare esclusivamente la sua lingua materna con il bambino. A questo modo, il bambino avrebbe associato, dalla nascita, una lingua alla persona di suo padre, un'altra a quella di sua madre, con una relazione affettiva. Jean Ronjat applicò con suo figlio Louis questo "principio di Grammont", con il tedesco (lingua della mamma) e con il suo francese. Da allora, il metodo "una persona una lingua" – in inglese OPOL, One Person One Language – anima gli spiriti e i forum di discussione. Molti linguisti applicarono il principio di Grammont con i propri figli, e ciò condusse ad alcune monografie, come quella del 1949 di W.F. Leopold, o quella del 1976 di T. Taeschner o, più recentemente, quella di G. Saunders.[11] Quest'ultimo, insegnante di tedesco australiano di madrelingua inglese, decise di allevare i suoi tre figli parlando loro tedesco, e pubblicò le sue osservazioni sulla crescita dei suoi figli bilingui. Il metodo sembra essere stato coronato dal successo, quanto alle competenze linguistiche di questi ragazzi "cobaye".

Il principio della stretta separazione tra lingue sembra essere applicato assai di rado da non linguisti. La spiegazione è semplice: è un metodo difficilmente applicabile al quotidiano. A meno che non si viva ai margini della società, è difficile non trovarsi mai in una situazione in cui è neces-

11. G. Saunders, *Bilingual Children: From Birth to Teens*, Multilingual Matters, Clevedon 1988.

@ UN METODO PARTICOLARE

Viviamo negli Stati Uniti: mia moglie è tedesca, io americano. Durante i primi anni, nelle nostre discussioni usavamo l'inglese e il tedesco a seconda di ciò di cui parlavamo. Poco prima della nascita di Anna, per essere sicuri che il tedesco che parlavamo fosse abbastanza, abbiamo deciso di parlare tedesco nei giorni pari, e inglese nei giorni dispari quando eravamo negli Stati Uniti, e poi solo tedesco quando eravamo in visita in Germania. Abbiamo continuato così sin dalla nascita di Anna: nei giorni pari ciascuno parlava tedesco, tra di noi e con Anna; nei giorni dispari la stessa cosa, ma in inglese. Adesso, Anna ha 8 mesi, noi siamo sempre più a contatto con anglofoni monolingui qui in California, e abbiamo deciso di parlare tedesco tre giorni su quattro e il quarto soltanto in inglese.[12]

sario cambiare lingua con il proprio bambino. Il metodo lascia anche poco spazio alla spontaneità nei rapporti tra genitori e figli, perché si tratta di non cedere con il bambino, qualora non usi la lingua "giusta" con uno dei genitori. Un'équipe australiana[13] ha osservato alcune famiglie anglo-tedesche in Australia, che utilizzavano il metodo "una persona, una lingua". I ricercatori hanno constatato che i genitori che utilizzavano questo sistema di separazione delle lingue erano sempre impegnati a ricordare questa regola ai loro bambini. Inoltre, si trattava di genitori appartenenti ad ambienti socioeconomici elevati che allevavano i loro figli nel bilinguismo per scelta e non per necessità. Si trattava dunque di famiglie ben integrate nella società maggioritaria, che non avevano contatti con altri adulti o altri bambini bilingui. Di conseguenza, l'esposizione dei bambini alla lingua minoritaria era in genere limitata alla comunicazione con un genitore. Per questo, i risultati di questo metodo si sono rivelati deludenti per alcuni genitori, dal momento che i loro bambini si fermavano alla comprensione della lingua minoritaria, senza mai arrivare a parlarla. In questo studio, i ricercatori hanno constatato risultati migliori nei bambini per i quali la lingua minoritaria (in questo caso il tedesco) era utilizzata anche come modalità di comunicazione tra i genitori.

Il desiderio di crescere il proprio bambino in modo che parli due lingue conduce alcuni genitori a inventare altre strategie più o meno complicate, a partire dall'alternanza delle lingue secondo le situazioni (inglese durante i pasti settimanali e francese nel weekend), fino all'alternanza

12. Testimonianza comparsa su un forum di discussione in inglese.
13. S. Döpke, *One Parent, One Language. An Interactional Approach*, John Benjamins, Amsterdam-Philadelphia 1992.

secondo i giorni della settimana. Tutte queste strategie possono funzionare in una famiglia, ma risultare inconcepibili per un'altra. Non esistono studi che validino l'efficacia di uno di questi "metodi". Tutto ciò che sappiamo è che le strategie più artificiali vengono presto abbandonate.

@ UN'APPLICAZIONE DELLE REGOLE ALLA LETTERA

Io ho avuto spesso il problema di sentire i bambini parlarmi o rispondermi in inglese. All'inizio, mostravo di capire ma rispondevo in giapponese. Questo li incoraggiava alla pigrizia e a parlare unicamente inglese. Raggiungevano il loro scopo, quindi perché darsi più pena di così? Mi sono resa conto molto presto del rischio che ciò comportava, e ho cominciato a pretendere che usassero la lingua giusta. Se mi chiedono del succo di frutta, faccio finta di non capire oppure domando loro di ripetere, finché non formulano la domanda in giapponese. Una mia amica mi rimprovera di essere troppo dura con i bambini. Io non credo che ciò sia molto diverso dal pretendere che usino le formule di cortesia. Non darei loro del succo di frutta, se non me lo domandassero con cortesia. Spingere un bambino a usare una lingua chiedendoglielo gentilmente, implorandolo o forzandolo non basta mai. Bisogna, dall'inizio, porre regole di base e attenervisi, senza eccezioni.[14]

Ogni famiglia, insomma, deve trovare il suo equilibrio, evitando tuttavia di fare del bilinguismo un postulato rigido che si metta di traverso nelle relazioni tra genitori e bambini. Prendiamo l'esempio di una coppia tedesco/peruviana, che vive in Perù, che prese la decisione di portare il proprio bambino alla padronanza del tedesco, prima che entrasse nella scuola dell'infanzia. Decisero di esporlo al tedesco, la lingua più debole, e rimandarono lo spagnolo a un secondo tempo. Con questa finalità, parlavano tra loro e con il bambino solo in tedesco, gli trovarono dei compagni di giochi germanofoni. Giunsero perfino a proibire alla nonna, peruviana, di parlare in spagnolo al nipotino. Poiché non conosceva il tedesco, la nonna si trovò costretta al silenzio. Solo a partire dai 3 anni del bambino, considerando il tedesco acquisito, gli permisero di giocare con bambini ispanofoni e di avere contatti con la nonna. Ci si può ben immaginare che questa limitazione nelle relazioni sociali non possa essere passata senza scosse in un ambiente ispanofono, in particolare nelle relazioni con la famiglia peruviana. Bisogna domandarsi se il

14. http://www.byu.edu/~bilingua/Prosserbackground.html.

prezzo di un bilinguismo ottenuto a queste condizioni non sia troppo alto, tanto più che nulla garantisce il suo mantenimento nel tempo: osiamo appena immaginare "metodi" futuri!

@ IL PREZZO DEL BILINGUISMO

Sono bilingue dalla nascita: madre francese, padre tedesco. Sono cresciuta in Germania, ma poiché i miei genitori hanno divorziato quando avevo 4 anni, la lingua della mia famiglia è stata il francese. Il tedesco è stato riservato ai contatti con l'"esterno" e abbiamo passato, tutti gli anni, sei settimane in Francia dai miei nonni, in un bagno linguistico di francese più che mai puro, perché esclusivamente monolingue.
Mia madre è stata molto severa e rigorosa, a questo riguardo. Non mi ha parlato che in francese, e quando le rivolgevo la parola in tedesco, mi rispondeva: "Non capisco, parla francese". Questo passo da parte sua è stato pieno di conseguenze. Da una parte, è vero, parlo correntemente il francese e il tedesco, senza accento. Facevo da interprete tra i miei nonni e leggevo nelle due lingue a 5 anni. Piuttosto riuscito si direbbe, no? D'altra parte, però, mi sono sentita spesso frustrata perché non potevo raccontare quello che volevo a mia madre senza fare sforzi nel modo di esprimermi. A volte preferivo tacere, piuttosto che fare questi sforzi. Non parliamo della mia relazione con i genitori. Verso gli 8-9 anni, ho attraversato un periodo in cui detestavo che mia madre mi parlasse francese in pubblico. Non mi piaceva affatto sentirmi "diversa" dagli altri bambini. E poi, quando mi parlava in francese in presenza dei miei compagni, o dei suoi amici che conoscevano solo il tedesco, ero veramente a disagio: mi sembrava molto scortese nei loro confronti. Mia madre ha veramente esagerato: per di più all'epoca (io sono nata nel 1967), il bilinguismo non era così conosciuto e la famiglia di mio padre, per non dire dell'ambiente in cui mia madre stessa viveva, trovava che pretendesse troppo dalla "povera piccola". Ha dovuto battersi contro tutti ma, nel complesso, le sono riconoscente.

Dal bilinguismo al multilinguismo

La situazione trilingue

Per molte famiglie in Francia, il francese si aggiunge ad altre lingue della famiglia per necessità. Dopo essere cresciuti con due lingue in famiglia, i bambini faranno conoscenza con il francese al momento dell'iscrizione all'asilo nido o alla scuola dell'infanzia. Questa terza lingua, in genere, sconcerta i professionisti e a volte i genitori, ma non poi così tanto i bambini.

Quante lingue può assimilare un bambino nei suoi primi anni? Ci sono poche ricerche sullo sviluppo delle lingue in un contesto multilingue. In genere, la terza lingua è quella che il bambino incontra fuori casa. In alcuni casi, tre lingue sono già presenti alla nascita del bambino, quando la nonna – o un altro membro della famiglia – vive con la famiglia.

Un altro modo di acquisizione della terza lingua è quello che accade a un bambino che parla una lingua minoritaria e che segue un insegnamento bilingue – nella lingua del paese e in un'altra lingua.

Il trilinguismo per insegnamento non è raro in Europa e nel mondo. Nelle comunità bilingui, come in Catalogna, nei Paesi Baschi, in Frisonia, in Bretagna e in Wasa (Svezia), i bambini che seguono un insegnamento bilingue imparano l'inglese come terza lingua, spesso alle scuole elementari. In Canada, l'inglese o il francese sono appresi come terza lingua dalle popolazioni immigrate, o aborigene, e lo stesso accade in varie regioni dell'America del Sud, dove i bambini di lingua materna quechua, aymara, guarani sono scolarizzati in un ciclo bilingue, al quale si aggiunge una terza lingua internazionale.

Trilinguismo e sviluppo delle lingue

Esistono troppo pochi studi sistematici sulle tappe d'acquisizione di una terza lingua, per poter fare affermazioni riguardo al fatto che essa si sviluppi diversamente dalla seconda. Uno dei pochi studi che sono stati portati a termine[15] lascia pensare che il processo di acquisizione della terza lingua non differisca da quello della seconda, ma che il funzionamento linguistico sia più complesso e che il suo sviluppo sia a volte rallentato.

Numerose ricerche, invece, sono state dedicate alla velocità di acquisizione della terza lingua in rapporto alla seconda, nel quadro di un insegnamento bilingue. La maggior parte di esse conclude che l'acquisizione della terza lingua avvenga più rapidamente, a partire da strategie di apprendimento efficaci e da una coscienza linguistica molto sviluppata,[16] nei bambini bilingui.

Poco si sa sullo sviluppo dei bambini piccoli in un contesto familiare trilingue, nel corso dei primi tre anni di vita. Dobbiamo appoggiarci su testimonianze individuali, come quella del linguista Jean-Marc

15. M. Clyne, "Some of the things trilinguals do", in *The International Journal of Bilingualism*, 1, 1997, pp. 95-116.

16. J. Cenoz et al., "Towards trilingual education", in *International Journal of Bilingual Education & Bilingualism*, 4, 1, 2001.

DeWaele,[17] che ha seguito lo sviluppo linguistico di sua figlia Livia. Livia cresce con il francese, lingua che le viene da suo padre, il neerlandese di sua madre e l'inglese dell'ambiente attorno a lei (la famiglia vive a Londra). La coppia parla neerlandese, quindi è questa la lingua dominante della famiglia.

A partire dai 5 mesi, fino a 2 anni e mezzo, Livia è stata curata da una baby-sitter pakistana, che con i bambini parlava inglese e urdu. Di mattina, dunque, le conversazioni erano riservate al francese del papà. A 3 anni, Livia usa il francese, l'inglese e il neerlandese quando gioca con le bambole. Se usa espressioni miste, provengono in genere da due lingue, che possono essere francese e neerlandese, oppure francese e inglese. Ma a volte "mescola" tutte e tre le lingue: "Mimi, *what do you* préfère, **een**

@ UNA FAMIGLIA MULTILINGUE

Sono figlia di un padre spagnolo e di una madre italiana che si intestardiva a parlare la sua lingua. Tutto ciò, in un paese chiamato Algeria, dove le persone attorno a me parlavano arabo, tranne che nella scuola laica, dove studiavamo tutti in francese. Ho parlato "correttamente" molto tardi, tentando disperatamente di memorizzare nelle mie caselline tutte queste lingue che mi circondavano. Però, dal momento in cui le mie parole furono comprensibili, parlai non meno di quattro lingue a 4 anni! Tutto ciò mi ha accompagnato fino all'età adulta. Ho un figlio grande di 18 anni, nato in Francia, a cui io ho parlato in arabo (la lingua che padroneggiavo meglio) e in francese. Oggi Quentin è perfettamente bilingue. D'altra parte, ho sposato un ungherese di origine russa. Mio marito parla perfettamente russo, ungherese e anche inglese, che è la lingua in cui ci siamo parlati le prime volte che ci siamo incontrati. Abbiamo un bambino di 3 anni, a cui lui parla russo dalla nascita. Quanto a me, mi rivolgo a lui in francese. Anche Richard ha parlato tardi, verso i 2 anni, età in cui le sue parole cominciavano appena a essere comprensibili e, ancora oggi, coniugazioni ed espressioni non sono sempre perfettamente formulate. Nondimeno, padroneggia le due lingue, e naturalmente si rivolge a suo padre in russo e a me (e al resto del mondo) in francese, anche se, a volte, si mette a giocare il gioco di rifiutare di parlare a suo padre in russo. Noi non diamo importanza a questo gioco, sapendo che suo padre resta fedele al suo proposito di parlagli in russo, qualunque cosa succeda. Il bambino l'ha capito e questo gioco del rifiuto si svolge sempre meno frequentemente.

17. J.-M. DeWaele, "Three years old and three first languages", in *Bilingual Family Newsletter*, 17, 2, 2000, pp. 4-5.

boterham?" ("Mimi, che cosa preferisci, una tartina?"). Sembra quindi che la coscienza metalinguistica (consapevolezza linguistica) di Livia sia apparsa molto presto. Jean-Marc DeWaele constata: "Per Livia, la lingua di una persona o di una bambola è un elemento altrettanto importante del colore dei capelli. Una volta, mentre faceva il bagnetto, a 21 mesi, ha detto: 'Maman, petit canard *spreken Nederlands*' ("Mamma, l'ochetta parla neerlandese")". Il linguista osserva che le espressioni di Livia sono in genere ben formate, con pochissimi errori grammaticali. La maggior parte di essi, a ogni modo, a 4 anni è scomparsa.

L'osservazione condotta su questa bambina trilingue ha il merito di fornire rassicurazione ai genitori che si trovano in una situazione di trilinguismo. Sebbene da un caso solo non si possa generalizzare, l'esempio di Livia ci mostra la facilità dei bambini piccoli nell'acquisire e usare più lingue. Si tratta di qualcosa di cui troviamo conferma tutti i giorni, in altre regioni del mondo.

La gestione delle lingue da parte del bambino

Tutti i racconti sull'impressionante capacità dei bambini di adattarsi alle lingue che li circondano possono essere ricondotti a un comune denominatore: il bambino acquisisce naturalmente ogni sistema linguistico la cui padronanza gli è utile per stabilire relazioni affettive con le persone del suo ambiente.

Ma l'importanza della relazione sociale comporta un rovescio della medaglia: i bambini sono capaci di dimenticare una lingua tanto in fretta quanto in fretta l'hanno imparata, proprio perché la prima motivazione è, ancora una volta, la necessità di comunicazione. Dal momento che le diverse lingue sono legate sia a persone diverse (nonna o baby-sitter, padre e madre), sia a un contesto preciso (due lingue a casa, la terza all'asilo nido o a scuola), un cambiamento di situazione non può che comportare automaticamente un cambiamento nella gestione delle lingue da parte del bambino.

Il principio della gestione economica delle lingue si applica, ovviamente, anche al bilinguismo, ma si inasprisce quando sono in gioco tre o più lingue. Il tempo di interazione con una lingua deve essere sufficientemente lungo e regolare perché il bambino senta la necessità di appropriarsene. I bambini sono quindi molto sensibili ai contesti sociolinguistici: sanno ben individuare, da una parte, le situazioni che richiedono l'uso di una particolare lingua, dall'altra, le situazioni in cui gli adulti tentano di tener vivo artificialmente l'uso di una lingua.

È ciò che accade in questa famiglia in cui la madre ha il forte desiderio di perpetuare una tradizione multilingue. Carole è nata in Algeria da genitori franco/spagnoli. Nella sua famiglia si parlavano, ovviamente, il francese, lo spagnolo e l'arabo. Ha sposato un tedesco con cui comunica in inglese. La coppia ha vissuto inizialmente a New York, dove sono nati i loro bambini. Questi ultimi sono stati a contatto con tre lingue, a partire dalla nascita: il tedesco grazie al padre, il francese attraverso la madre, l'inglese con tutti, quando la famiglia si riuniva. La famiglia vive attualmente in Germania.

Carole si sforza di usare tutte e tre le lingue, inglese, francese e tedesco, in diversi momenti della giornata e in diverse situazioni. È fiera di constatare che i suoi bambini cambiano lingua nei loro giochi a due, utilizzando tra loro le tre lingue indifferentemente. Tuttavia, Carole si lamenta della "selettività" del loro orecchio e di "dimenticanze" bizzarre da parte dei bambini, che tuttavia non hanno problemi uditivi (un audiogramma ha permesso di togliere il dubbio): "Mi accorgo da qualche tempo che Anna dimentica, da un momento all'altro, ciò che le dico, o ciò che lei stessa cerca di dirmi. Thomas, poi, sembra avere un 'orecchio selettivo'. Quando meno me lo aspetto, mi comunica che 'non sente bene'". Nel caso di questa famiglia, che vive in Germania, l'uso dell'inglese non è più sostenuto da un ambiente anglofono, questa lingua si parla con i bambini in condizioni molto precise ("in famiglia"), mentre in altri momenti i genitori stessi si rivolgono ai bambini chi in tedesco, chi in francese. Carole si domanda, e ha forse ragione, se i suoi bambini non le stiano segnalando la "saturazione linguistica", prestando un orecchio selettivo a ciò che lei dice.

In effetti, questa è una delle maniere a disposizione dei bambini per sottolineare il rifiuto di giocare al gioco degli adulti: quello di rispondere in una lingua precisa.

Competenze fluttuanti

Questo rifiuto di parlare una lingua può prendere forme diverse, dalle risposte monosillabiche fino a evitare il dialogo con il genitore in questione. È ciò che accade a Kéo, laotiana, il cui figlio, Amnoy, 5 anni, sembra sempre più entrare nel mutismo. Il marito di Kéo è cinese, la lingua di comunicazione della coppia è il francese. Fino al quarto compleanno del bambino, la famiglia ha vissuto in Gran Bretagna. Si sono trasferiti in Francia dopo un anno, e ora Amnoy frequenta, sempre in Francia, una scuola bilingue franco/inglese. Entrambi i genitori parlano con il bambino la loro lingua materna, ma la lingua dominante del bambino è il laotiano. Il bimbo conosce qualche parola di cinese, qualche parola di francese (lingua di comunicazione tra i genitori e, da qualche anno, della scuola) e qualche parola di inglese (insegnato a scuola).

La madre ha l'impressione che suo figlio "non ami parlare, perché questo lo stanca". Quando torna da scuola, rifiuta di raccontare la giornata a sua madre, e altrettanto poco parla a scuola, secondo la maestra. Il rifiuto di raccontare la giornata scolastica, quando la mamma glielo chiede in laotiano, può far parte di una strategia di apprendimento del bambino, che concentra tutti i suoi sforzi sull'acquisizione del francese. A scuola, tra l'altro, attraversa quella fase di mutismo che fa parte degli atteggiamenti del bambino all'inizio della scolarizzazione, quando non padroneggia la lingua, come abbiamo visto in precedenza.

L'esposizione a quattro lingue (francese e inglese a scuola, che si aggiungono a laotiano e cinese a casa) può rallentare il processo di acquisizione delle lingue; ci vorrà forse più tempo, a un bambino, in questa situazione, perché riesca nella produzione orale in una o più lingue. Il successo dell'insegnamento bilingue in un bambino esposto ad altre due lingue a casa dipenderà da una molteplicità di fattori che la ricerca dovrà ancora esplorare.

@ UNA FAMIGLIA ESPATRIATA

Mamma francese di due maschietti di 9 e 5 anni; il tipo di lavoro che faccio mi porta a cambiare paese frequentemente. Dopo quattro anni a Hong Kong, durante i quali i miei bambini frequentavano la scuola americana, ora siamo in Paraguay da un anno. Il più grande ha imparato a leggere e scrivere in inglese, avendo frequentato la scuola americana dai 3 ai 7 anni, e ha imparato da solo a leggere in francese, con mia grande sorpresa! Il piccolo, invece, la scuola americana l'ha frequentata per un anno solo. Da un anno, sono iscritti a una scuola francese, che prevede però anche dei corsi in spagnolo. L'80% degli studenti iscritti è paraguayano, il che significa che le conversazioni tra compagni sono principalmente in spagnolo. I miei bambini hanno assimilato molto bene questa lingua nuova e la usano con grande naturalezza. Il mio problema, però, è che partiremo presto per l'Indonesia e i miei figli dovranno ritornare alla scuola americana, dal momento che lì non esistono scuole francesi. Mi sono resa conto che il grande ha dimenticato completamente l'inglese e mi domando se potranno riadattarsi con facilità.

La gestione "economica" delle lingue diventa persino vitale per un bambino che, a causa di obblighi familiari, cambia regolarmente paese e lingua.

Un bambino bilingue nei primi anni può diventare trilingue in occasione di un soggiorno in un altro paese, e tornare bilingue quando la famiglia lascia questo terzo paese. Ancora più che il bilinguismo, il trilinguismo transitorio è il risultato di circostanze attraversate dalle famiglie migranti, in relazione alle loro carriere professionali. La fluttuazione delle lingue (quando lingua dominante diventa ora l'una, ora l'altra), in relazione agli eventi, è lo schema che caratterizza tutti i trilingui, secondo Charlotte Hoffmann,[18] dell'Università di Salford. Un'uguale competenza nelle tre lingue non sembra possibile, ci sarà sempre una lingua più "debole" delle altre, perché meno utilizzata. È questa lingua debole la prima a scomparire se le circostanze ne rendono superfluo l'uso.

Un equilibrio instabile

Per lo sviluppo di una competenza trilingue – o plurilingue – l'esposizione sufficiente a ciascuna lingua in un contesto formale (la scuola) o informale (la famiglia, la strada) è una condizione necessaria, ma non sufficiente. Altri parametri possono avere un ruolo preponderante nell'acquisizione, come il valore attribuito a una lingua dalla società.

In un quartiere di Los Angeles, Koreatown, è stato allestito un insegnamento bilingue inglese/coreano per la grossa comunità coreana che vive in quest'area. Accade che il quartiere sia abitato da numerose famiglie ispaniche e filippine. Così accade che alcuni bambini, frequentando la scuola dell'infanzia e quella elementare, abbiano come lingua materna lo spagnolo, il coreano, il tagalog o il cebuano (due lingue filippine). Una minoranza di ragazzi è di madrelingua inglese. Uno studio[19] ha dimostrato gli effetti positivi dell'insegnamento coreano/inglese sulle competenze scolari di tutti questi bambini. Sfortunatamente, i bambini che provengono da minoranze linguistiche non hanno conservato le loro competenze nella lingua madre. Lo spagnolo, il tagalog e il cebuano sono stati sostituiti dal coreano e, soprattutto, dall'inglese. Non stupisce, considerando il poco valore attribuito a queste lingue minoritarie nella società americana.

18. C. Hoffmann, "Towards a description of a trilingual competence", in *International Journal of Bilingualism*, 5, 1, marzo 2001.

19. K. Rolstad, "Effects of two-way immersion on the ethnic identification of third language students", in *Bilingual Research Journal*, 21, 1, 1997.

Quando un bambino bilingue arriva in una scuola in cui l'insegnamento si fa in una terza lingua, è spesso una delle lingue della famiglia che si indebolisce. Ciò accade tanto più, quanto più la lingua è poco prestigiosa. Con la perdita di una delle lingue, il bambino diventa bilingue conservando, tuttavia, una tripla competenza culturale.

@ SCOMPARSA DI UNA TERZA LINGUA

Karin, di origine tedesca, e Amir, di origine algerina, vivono a Parigi, dove hanno studiato. Karin racconta: "Ho sempre parlato tedesco con i bambini, non potevo immaginare altro. Con mio marito parliamo francese, ma il papà parlava in arabo con la nostra figlia più grande, Schéhérazade. Per lo meno, lo faceva quando era piccola. Le raccontava storie la sera prima di addormentarsi, le leggeva dei libri, e le cantava delle canzoni. La bambina parlava soprattutto tedesco, ma conosceva qualche parola e qualche espressione in arabo. Da quando ha cominciato a frequentare la scuola dell'infanzia, abbiamo sentito che il francese si faceva strada sempre di più. Quando è nata la nostra seconda bambina, Yasmina, Schéhérazade aveva 3 anni e mezzo e mio marito ha ricominciato a parlare un po' più in arabo con i bambini. Ma da quando Yasmina è entrata nella scuola dell'infanzia, si è come bloccata: le due bambine hanno cominciato prestissimo a giocare in francese e l'arabo non le interessava più.

Le possibilità di un trilinguismo reale migliorano se le tre lingue godono di un buon riconoscimento sociale, come nel caso riferito da Charlotte Hoffmann.[20] Questa linguista ha pubblicato le sue osservazioni sullo sviluppo del linguaggio nei suoi due bambini trilingui tedesco/spagnolo/inglese in un periodo di sette anni. L'uso delle diverse lingue da parte dei bambini corrispondeva alla costellazione linguistica familiare: tedesco e spagnolo erano usati con i genitori, mentre l'inglese era la lingua della comunità, degli amici e della scuola. In nessun momento i bambini avevano risentito di atteggiamenti negativi verso il loro trilinguismo o verso una delle loro lingue e per questa importante ragione hanno potuto sviluppare le tre lingue a un livello sufficiente per i loro bisogni di comunicazione del momento. Altre osservazioni riferiscono anche che la scelta delle lingue corrisponde sempre alla realtà linguistica dei bambini in un determinato periodo.

Johannes è tedesco, Isabella è franco/italiana, abitano in Germania:

20. C. Hoffmann, "Towards a description of a trilingual competence", cit.

"Abbiamo vissuto a lungo in Inghilterra e parliamo entrambi l'inglese molto bene. Io parlo francese ai miei bambini quando mio marito non c'è. Altrettanto accade con il tedesco. Ma quando siamo a tavola tutti insieme, vogliamo parlare di quel che abbiamo fatto durante il giorno, scherzare, parliamo tutti inglese. I nostri bambini sono trilingui, e funziona bene".

È certo che in altri casi, quando esiste una lingua che non gode di uguale prestigio nel paese dove la famiglia risiede, questa ha la tendenza a indebolirsi, persino a scomparire. Non è raro che la lingua che scompare per prima sia la lingua madre, o, per essere più precisi, la lingua della prima socializzazione.

Un multilinguismo limitato

Quando circolano troppe lingue in famiglia, il bambino probabilmente non dispone di tempo a sufficienza per sviluppare ciascuna di esse a un livello sufficiente. In fin dei conti, i bambini di tali famiglie multilingui rischiano di non diventare trilingui, né bilingui, quanto piuttosto diglossici. Ciò significa che ciascuna lingua non si svilupperà che fino a un certo punto, fino a quel che è necessario per essere utilizzata precisamente in un determinato contesto. Per esempio, si può immaginare che l'inglese non servirà che a domandare il sale a tavola o a dire che non abbiamo più fame, il francese sarà la lingua dei giochi con mamma e papà e il tedesco quella della scuola. Una persona diglossica usa ciascuna lingua in un contesto preciso e limitato, e la sua padronanza non copre altre situazioni.

Molte famiglie immigrate, che parlano lingue poco valorizzate a livello sociale, vivono situazioni di diglossia. La lingua del paese di provenienza è usata per comunicare a proposito di piccole cose della quotidianità, mentre la lingua del paese di arrivo è parlata nella strada, nei negozi, negli uffici. Ciascuna lingua ha dunque il suo dominio ben preciso, ma nessuna delle due lingue è in grado di estendersi ai domini coperti dall'altra. Questo stato di fatto non è grave, in quanto permette a una persona di comprendere e farsi comprendere in tutte le situazioni della vita. Ma in una società dove si attribuisce grande importanza al "parlar bene", dove per giunta la lingua scritta ha un'importanza considerevole, come in Francia o in Italia, non padroneggiare il francese o l'italiano in tutti i settori è un handicap in termini di promozione sociale.

5

Il bilinguismo tardivo

Una seconda lingua dopo i 6 anni

Una situazione complessa

Quando dei genitori colgono l'opportunità di un posto di lavoro all'estero, o quando decidono di tentare l'emigrazione per offrire un avvenire migliore ai loro bambini, la questione dell'apprendimento della lingua dovrebbe essere una delle priorità. Da quando ho cominciato a fare consulenza su questi temi, ho spesso constatato una certa noncuranza da parte dei genitori espatriati, che non sembrano sempre afferrare quanto turbamento psicologico e linguistico ci sarà nella vita dei loro bambini in età scolare.

Molti di loro immaginano che la lingua del paese "entrerà" da sola nel cervello del loro bambino, hanno in mente un apprendimento "naturale" per immersione nell'ambiente scolastico, sul modello di ciò che accade ai piccolissimi di cui parlavamo precedentemente. Se lo sviluppo del bilinguismo precoce simultaneo è stato poco studiato – al di fuori di alcune monografie, per lo più descrittive –, non accade lo stesso per il bilinguismo consecutivo. Sembrerebbe che sia proprio la situazione del contatto tardivo con una seconda lingua a porre problemi, o quanto meno a riunire condizioni capaci di creare situazioni conflittuali.

Marco, un bambino cileno di 6 anni, è appena arrivato in Francia con i genitori. I genitori lavorano all'interno di un programma internazionale, e ci si aspetta che abitino in Francia per un numero indeterminato di anni. Né Marco né i suoi genitori conoscono il francese. Marco è inserito in una classe di prima elementare normale, non frequenta una classe di adattamento (CLIN, in francese) perché nel circondario di casa sua non ce ne sono, e riceve alcune ore di lezione di sostegno in francese, tenute da un'insegnante specializzata. È un bambino timido, chiuso che, a dire della maestra, non partecipa alle lezioni. Dopo due mesi di scolarizzazione, le insegnanti e lo psicologo non hanno potuto osservare alcun progresso, e l'hanno indirizzato a un centro medico-psicopedagogico. Viene esaminato da una pediatra che valuta con buon senso la situazione di un bambino di 6 anni, scolarizzato in immersione totale in una lingua straniera, che non può diventare uno studente rilassato, capace di esprimersi, nel giro di due mesi. Propone di scolarizzare Marco nell'ultimo anno della scuola dell'infanzia, per potergli lasciare il tempo di familiarizzarsi con il francese.

Primi contatti con la seconda lingua

A 6 anni, un bambino possiede già un bagaglio linguistico e cognitivo importante nella prima lingua: si pensa che padroneggi l'essenziale della sua lingua materna, che sia capace di comunicare quello che vuol dire a chiunque e di comprendere tutto ciò che chiunque voglia dirgli in questa lingua. Avrà accettato i concetti soggiacenti alle forme linguistiche. Per esempio, lo sviluppo del concetto di possesso, nella lingua materna, passa dalla forma "dato papà" a "dato a papà" e più tardi a "le gâteau de papa". Imparando a parlare, il bambino integra una volta per tutte la nozione di legame tra l'oggetto e il possessore (nel nostro esempio, "di"), nello stesso tempo in cui acquisisce altre forme linguistiche come quella del plurale. Queste conoscenze potranno trasferirsi dalla lingua materna all'eventuale seconda lingua.

Il bambino che arriva in un paese, in una scuola di cui non conosce la lingua, si troverà a competere con i suoi pari che avranno raggiunto un identico livello di competenze, ma nella loro lingua madre.

Il compito del bambino che ha cambiato paese non è dunque più solo quello di imparare una seconda lingua, come potrebbero fare anche i suoi compagni, ma di acquisire al più presto il livello linguistico di un bambino di 6 anni, oppure di un bambino di 8-10 anni, a seconda dell'età di arrivo nella scuola del nuovo paese. È chiaro che per un bambino in età scolare il problema non è solo di poter tenere una conversazione con gli altri bambini, nella nuova lingua, ma anche di poter integrare al più presto il suo curriculum scolastico nella lingua del paese di arrivo. Un compito arduo lo attende: deve colmare lo scarto tra il suo livello zero, nella sua seconda lingua, e quello di un bambino della sua stessa età (6 o più anni) per cui la lingua in questione è la lingua materna!

Il compito è reso più complesso dalla continuità d'evoluzione della lingua materna di un bambino nel corso di molti anni. Dalla nascita, fino ai 6 anni, il bambino ha certamente acquisito un sistema linguistico complesso, ma comunque lontano da quello di un adulto, a prescindere da quanto il bambino sia dotato. Fino ai 12 anni, i bambini continuano ad acquisire sfumature sottili nella fonologia, nel vocabolario, nella sintassi e negli aspetti complessi del sistema orale della loro prima lingua. Più tardi, un ragazzo che si inserisca nelle scuole medie, o nelle scuole superiori, dovrà assimilare una quantità superiore di vocabolario e questo apprendimento continuerà per tutta la vita, man mano che compaiono nuovi contesti in cui la lingua deve essere utilizzata. Si può dire, quindi, che l'acquisizione della prima lingua sia un processo che non ha mai fine.

Il bilinguismo precoce che abbiamo considerato fin qui si limita alla competenza orale nelle due lingue. Ne abbiamo visto le tappe di sviluppo. Per il bambino piccolo esposto a una seconda lingua, una competenza orale è sufficiente per comunicare nella scuola dell'infanzia, per strada ecc. Questa comunicazione è legata a un qui e ora: domandare un altro biscotto, invitare un altro bambino a partecipare al gioco, sono tutte attività linguistiche legate a realtà immediate, condivise. Nessun bisogno di fare appello a capacità cognitive complesse, per parlare. La seconda lingua diviene rapidamente e facilmente la lingua di tutti i giorni, fino a superare la prima lingua, per abilità di espressione, all'occorrenza. È questa capacità di comunicare una realtà immediata nella seconda lingua che il bambino più grande acquisirà rapidamente; simultaneamente, si confronterà con un altro registro linguistico, quello più formale, dello studio.

Per di più, non sarà sufficiente conoscere, nella seconda lingua, gli equivalenti delle parole della lingua madre: bisogna anche sapere come allineare più parole per produrre senso. In più, il bambino deve acquisire una competenza pragmatica, ovvero capire come utilizzare gli elementi della lingua per argomentare, convincere, spiegare. Tutte queste competenze sono indipendenti le une dalle altre: ce lo insegnano i casi di quelle persone che, dopo un trauma cerebrale, hanno perduto la capacità di comprendere, per esempio, ma non quella di parlare.

La ricerca si prefigge di scoprire in che modo il bambino affronterà l'apprendimento della nuova lingua: potrà servirsi delle conoscenze acquisite nella sua lingua materna per costruire la seconda lingua, oppure quest'ultima si svilupperà indipendentemente dalla lingua materna? La specificità della lingua materna ha forse un'influenza sulle tappe di sviluppo della seconda lingua? Per rimanere più pragmatici, ciò che interessa i genitori di un bambino esposto a una seconda lingua a scuola è sapere quanto tempo gli ci vorrà per raggiungere lo stesso livello di competenze che i bambini della sua età hanno nella prima lingua.

Le strategie d'acquisizione

Sappiamo che le capacità di acquisire una lingua in maniera intuitiva diminuiscono dopo i 6 anni. Il dispositivo di acquisizione del linguaggio viene rimpiazzato da meccanismi cognitivi più generali, attivi per tutti i compiti di risoluzione dei problemi. Ciò significa che i bambini che devono apprendere una seconda lingua attivano, come gli adulti, diverse risorse mentali per compensare la mancanza di un dispositivo specifico per l'acquisizione di una lingua. Si è potuto mostrare tutto ciò grazie alla risonanza magnetica funzionale. Come abbiamo già visto, si tratta di una procedura che permette di visualizzare il flusso sanguigno nelle regioni del cervello implicate nella produzione del linguaggio. Il grado di circolazione sanguigna è un indicatore dell'attività cerebrale.

Si è così scoperto che, a partire dai 6 anni, si attivano nuove regioni del cervello, sia nell'emisfero destro sia in quello sinistro, quando vengono trattate le informazioni grammaticali della seconda lingua. È stata fatta ascoltare ad alcune persone, bilingui tardive, una storia nella lingua materna e poi un'altra storia nella lingua seconda: si è visto che a "lavorare" erano due diverse regioni del cervello. Nei bilingui precoci, invece, i due sistemi linguistici, in particolare la struttura grammaticale, sono trattati nella stessa regione. Sembra inoltre che il cervello sia in grado di attivare altre risorse, in origine destinate ad altre attività, per compensare l'indisponibilità del centro di trattamento del linguaggio.[1] Questo meccanismo di compensazione, che passa per altre risorse del cervello, può spiegare le grandi variazioni fra un individuo e un altro che hanno appreso una seconda lingua tardivamente. Le regioni implicate in questo apprendimento tardivo variano non solo in funzione dell'età, ma anche in funzione di fattori sociopsicologici come la motivazione, l'attitudine, il contesto di apprendimento.

L'apprendimento: quanto si trasferisce dalla lingua materna nella seconda lingua, e quanto ne è indipendente?

Un bambino spagnolo apprenderà meglio l'italiano di un bambino la cui lingua madre sia il cinese, il tedesco o l'ebraico? È chiaro che la somiglianza tra spagnolo e italiano, due lingue di comune origine latina, è più

1. W. Griesshaber, "Erwerb und Vermittlung des Deutschen als Zweitsprache", in *Deutsch in Armenien*, Teil 1: 1, 2001, pp. 17-24; Teil 2: 2, 2001, pp. 5-15, Armenischer Deutschlehrerverband, Jerewan 2002.

grande che tra l'italiano e l'ebraico, per esempio, che appartiene al gruppo delle lingue semitiche. La domanda è: la somiglianza può facilitare l'apprendimento della seconda lingua? La risposta è probabilmente sì, per quanto riguarda il vocabolario. Quando si conosca il tedesco "Hut", ("cappello"), si imparerà più facilmente l'equivalente inglese "hat", perché le parole simili sono più facili da ricordare. Ma la prossimità tra lingue può anche dar luogo a errori frequenti, quando una parola che si pronuncia in modo simile non ha lo stesso significato nell'altra lingua.

In certi casi, chi impara può servirsi delle strutture grammaticali della sua prima lingua per costruire frasi nella seconda lingua. Così, osservando bambini tedeschi che imparano l'inglese e bambini inglesi che imparano il tedesco,[2] si vede che per certe strutture i bambini richiamano la loro conoscenza specifica nella lingua madre e la usano per sviluppare la seconda lingua. Un altro esempio è il trasferimento di competenze in francese (lingua madre) verso il tedesco (lingua seconda) nella costruzione della frase. La frase tedesca ha una struttura diversa da quella francese: in certi casi il verbo tedesco si posiziona alla fine della frase, mentre in francese il verbo segue il soggetto. I bambini che acquisiscono il tedesco formano inizialmente le frasi seguendo l'ordine della frase francese: usano quindi una struttura della lingua materna per costruire una frase nella lingua seconda. Un profano tenderebbe ad attribuire queste interferenze a un cattivo apprendimento: "Fa molti errori", dicono i genitori. Gli stessi errori di transfert dalla lingua materna li vediamo comparire negli adulti.

Sembra quindi più facile, per un bambino, identificare gli elementi della seconda lingua se questi elementi esistono nella lingua materna. Per esempio, è più facile riconoscere l'intonazione crescente come marca di interrogazione se questa regola esiste anche nella lingua materna.[3] Un bambino di lingua madre giapponese che impari l'inglese avrà più difficoltà ad appropriarsi degli articoli determinativi e indeterminativi ("a", "the", "some") perché non esiste niente di equivalente nella sua lingua madre. Viceversa, un bambino di madrelingua spagnola non avrà nessuna difficoltà particolare ad acquisire il sistema degli articoli, perché esso esiste anche in spagnolo.[4]

Alcuni studi hanno mostrato che, per alcune strutture, la seconda lingua si sviluppa secondo una sequenza indipendente dalle specificità della

2. H. Wode, "Developmental sequences on natural L2 acquisition", in *Working Papers in Bilingualism*, 11, 131, 1976.
3. Citato in J.-F. Hamers, M. Blanc, *Bilingualité et bilingualisme*, cit., p. 358.
4. K. Hakuta et al., "Critical evidence: A test on the critical-period hypothesis for second-language acquisition", in *Psychological Science*, 14, 1, 2003.

prima lingua. Uno dei primi studi che ha mostrato una successione negli stadi dello sviluppo della seconda lingua è stato effettuato da un'équipe americana[5] negli anni Settanta: alcuni ricercatori hanno studiato l'acquisizione dell'inglese da parte di bambini ispanofoni che abitano in California, in Messico e a New York. L'osservazione si concentrava su otto strutture grammaticali, come per esempio le "s" del plurale, e ha condotto alla constatazione che il processo d'acquisizione seguiva uno sviluppo in tappe, partendo dalla struttura più semplice per giungere alla più complessa. In seguito, l'équipe ha comparato questi risultati con quelli di bambini di madrelingua cinese che imparavano l'inglese. Con grande stupore dei ricercatori, si è trovato che gli "errori" in inglese, che di fatto corrispondevano a tappe (non ancora raggiunte) nella sequenza di sviluppo della lingua seconda, erano gli stessi sia nei bambini di madrelingua spagnola sia di madrelingua cinese. E, più stupefacente ancora, questi "errori" corrispondevano a quelli dei bambini che acquisivano l'inglese come lingua madre!

Per alcune strutture grammaticali, quindi, l'acquisizione di una lingua è indipendente dallo sviluppo della lingua madre. Questo può sembrare logico se si prende un caso estremo, come l'acquisizione delle forme complesse del plurale, in arabo, che è una lingua a flessione interna. Queste forme sono acquisite completamente, da un bambino monolingue, verso i 10 anni. Invece, il plurale in inglese (che si fa con l'aggiunta di una "s") viene padroneggiato da un bambino monolingue verso i 3 anni. Se un bambino di lingua madre araba è esposto all'inglese a 6 anni, acquisirà dunque la forma del plurale inglese prima che le forme del plurale nella sua lingua madre. Se anche non padroneggerà tutte le forme corrette nella sua lingua madre, avrà già acquisito il concetto di plurale, cosa, questa, che gli permetterà di appropriarsi di questa forma linguistica nell'altra lingua.

Una delle forme grammaticali più studiate è la negazione. I linguisti Josiane Hamers e Michel Blanc descrivono le tappe di acquisizione della negazione in un bambino di 6 anni di madrelingua inglese, che apprenda il francese come lingua seconda: in un primo tempo il bambino utilizza la negazione "non" da sola,[6] dopo di che sotto la forma "non Hervé" o "non ça", per finire con l'infinito "non faire ça". Alla tappa successiva, il "non" si distingue dal "pas" e diventa "pas Paul", "pas faire ça" per evolversi, alla fine, verso "faut pas faire ça" o "fais pas ça".[7]

5. H.C. Dulay, M.K. Burt (1974) citato in J.-F. Hamers, M. Blanc, *op. cit.*, p. 355.

6. In francese, "non" significa "no" e, diversamente dall'italiano, non si può mettere davanti a un verbo. [NdT]

7. J.-F. Hamers, M. Blanc, *Bilingualité et bilingualisme*, cit., p. 354.

La questione dell'influenza della lingua materna e delle sequenze di sviluppo della lingua seconda probabilmente non sarà mai decisa in modo definitivo, tanto più che la problematica è resa ancora più complessa da certi studi, che mostrano una grande variazione individuale, nell'apprendimento, delle strutture di una lingua seconda, anche in bambini della stessa età e della stessa lingua madre.

Gli psicologi e linguisti Ellen Bialystok e Kenji Hakuta confrontano l'apprendimento di una seconda lingua alla ristrutturazione di una casa, e l'acquisizione della lingua materna alla costruzione di una casa.[8] Si può rinnovare la propria casa per tutto il corso della propria vita, ma la qualità del rinnovamento dipende da numerose variabili. Altrimenti detto, l'acquisizione di una nuova lingua dopo i 6 anni è condizionata da numerosi fattori extralinguistici, come gli atteggiamenti prevalenti nell'ambiente e lo statuto delle lingue con cui si sta a contatto. Tutte queste variabili giocano un ruolo decisivo nel modo in cui il bambino si approprierà della nuova lingua, e per quanto riguarda il livello di bilinguismo che raggiungerà.

Come conservare la lingua materna

Nel turbine degli apprendimenti ai quali è esposto il bambino all'ingresso nella "scuola dei grandi", non è facile lasciare alla lingua materna tutto il posto che merita.

Se non si ha la possibilità di optare per una scuola bilingue in cui la lingua della famiglia abbia un posto riconosciuto, ciò che prende avvio a scuola è l'insegnamento sistematico del francese e in francese. Anche se la maggior parte dei bambini frequenta la scuola materna, e ha quindi già acquisito soltanto le basi del francese, per molti di loro l'acquisizione della lingua della scuola domanderà sforzo e concentrazione.

È spesso il bambino a non essere pronto a "giocare il gioco" del bilinguismo, a partire dal momento in cui comprende l'importanza della lingua parlata a scuola. Questa si impone da sola, se solo si considera che un bambino passa tra le sei e le dieci ore al giorno in un ambiente interamente francofono. La lingua della famiglia è, in questo caso, in posizione fragile, ed è necessario un autentico sforzo di volontà per non cadere nella trappola del "solo francese".

Come abbiamo visto in un precedente capitolo, sarebbe un errore

8. E. Bialystok, K. Hakuta, *In Other Words*, Basic Books, New York 1994.

smettere di parlare la lingua materna. Tutti gli studi confermano che è interessante continuare a esporre il bambino a due lingue. I genitori devono avere coscienza dell'importanza della prima lingua, che costituisce un "tesoro di famiglia" di cui ci si dovrà prender cura. La conoscenza di un'altra lingua qualunque è sempre un vantaggio per il bambino, sul piano cognitivo, personale e sociale.

Sul piano cognitivo, il fatto di manipolare regolarmente due sistemi linguistici ha un effetto positivo su tutti gli apprendimenti. Questo effetto positivo si esercita a prescindere dalla lingua parlata oltre al francese, che si tratti dell'inglese o del bretone, del serbo-croato o del bambara. Sul piano personale e sociale, il possesso della lingua della famiglia, dei nonni, dei cugini permette di conservare legami con la famiglia, di sentirsi appartenere a un insieme umano e geografico più ampio, cosa che avrà un effetto positivo sulla stima di sé del bambino.

I genitori non devono dunque lasciarsi turbare, e devono principalmente continuare a parlare la loro lingua materna. Perché questa possa davvero diventare una lingua integra e separata, è preferibile che il suo uso non si limiti all'uso abituale ("Fai i compiti", "Mangia la zuppa"), ma che serva anche nei momenti di distensione e di complicità con il bambino, perché egli possa guardare dei libri illustrati, leggerli, perché gli si possano raccontare delle storie, e si possa incoraggiare il bambino a raccontarle.

Marina vive in Québec, ha un'opinione netta sul mantenimento della lingua materna. Confronta la pratica della lingua minoritaria con l'obbligo di andare a scuola. "Mia figlia non sempre vuole andare a scuola, ma da noi la regola è che si vada a scuola tutti i giorni. Per la lingua minoritaria è la stessa cosa: la si parla quando ci si rivolge alla mamma. Mia figlia non sempre vede la necessità di studiare la geografia del mondo, ma io so che è importante. Per il francese è la stessa cosa."

Sebbene da un punto di vista psicologico non si possano incoraggiare i genitori a esercitare questa coercizione sui bambini, per ciò che riguarda la scelta della lingua a casa può essere utile non "capire a metà" quel che il bambino dice, nella lingua maggioritaria; si può a volte tentare di incitarlo a ripetere qualcosa nella lingua materna, ma senza nessuna garanzia, questo bisogna saperlo.

Marianna ha trovato un mezzo più sottile per conservare l'uso del tedesco, lingua "debole" della famiglia. "Ciò che è più importante per me, in fin dei conti, è di poter comunicare con i miei figli. Quindi, quel che faccio non è che ripetere sistematicamente, in tedesco, ciò che lei mi dice in francese: alla lunga, è piuttosto faticoso e frustrante, per me. D'altra parte, se non ho rinunciato del tutto, è perché quando guardiamo dei film in tedesco, lei ripete le parole del film in tedesco: quindi mi dico che non tutto è perduto!"

Per i genitori che non parlano, o parlano male il francese, la scelta della lingua non si impone nell'immediato. Ma spesso, quando i genitori si trovano loro stessi in situazioni d'apprendimento del francese, hanno spesso voglia di praticarlo, a casa loro, e a volte si installa nella famiglia una sorta di interlingua (una lingua a mezza strada tra la lingua d'origine e la nuova lingua), che non aiuterà il bambino a progredire. In questo caso, tanto vale contare sulla scuola, per l'apprendimento del francese, e continuare a trasmettere ciò che si controlla meglio, la propria lingua materna. Per assicurare un approfondimento sufficiente del francese, bisogna a volte affidare questo lavoro a professionisti del sostegno scolastico.

@ UN CONSIGLIO BEN PONDERATO

Bisogna adattarsi alla situazione. Un atteggiamento troppo categorico può finire col bloccare un bambino che sceglierà, per esempio, di andare a raccontare la sua giornata all'adulto che parla la lingua maggioritaria. Se al vostro bambino manca il vocabolario nella lingua minoritaria, bisogna aiutarlo, in una maniera o nell'altra. Con mio figlio mi capitava spesso di chiedere "come?" quando tentava di parlarmi in svedese (verso i 18 mesi). Ogni qual volta capivo che non conosceva le parole, in francese, lo lasciavo esprimersi, o provare a esprimersi, ma certo senza dirgli: "Dimmelo in svedese". Quando lo diceva in svedese, poi, io traducevo in francese dicendo "Ah! Volevi dire... (traduzione)". Mi diceva allora spesso di sì, e poi ripeteva quel che gli avevo detto in francese. Allora mi rallegravo con lui e gli dicevo che ero fiera di lui e del suo francese. Questo gli trasmetteva un sentimento di fierezza, che anche suo padre incoraggiava, la sera, dicendogli che avrebbe potuto parlare più lingue, e che aveva avuto fortuna.

A scuola: limitazioni specifiche

Lingua della strada vs *lingua della scuola*

Per milioni di bambini, nel mondo, l'ingresso nella "grande scuola", la scuola primaria, segna una svolta importante. Ogni bambino, per quanto monolingue, farà conoscenza con una lingua normata, che si allontana da quella parlata a casa con i genitori, o per strada, con gli altri bambini. A seconda del livello socioeconomico, o a seconda della regione geografica da cui proviene il bambino, la distanza tra le due varianti della stessa lingua è difficile da percepire, oppure, al contrario, altrettanto importante che tra due lingue diverse. È questo il caso dei bambini delle regioni in cui la pratica di un dialetto è ancora in vita. In certe zone della Baviera, nel sud della Germania, lo scarto tra il dialetto parlato nelle campagne e il tedesco della scuola è tale che i bambini della campagna devono appropriarsi dello "Hochdeutsch" ("alto tedesco"), come se si trattasse di una lingua straniera. È ciò che accade anche nel Maghreb, in cui la lingua della scuola è l'arabo letterario ("classico"), percepito come altrettanto distante dalla lingua delle famiglie di quanto non sia una lingua straniera.

In Francia, grazie alla scolarizzazione precoce nella scuola materna, la maggior parte dei bambini si è già familiarizzata con questo registro del francese usato dagli insegnanti a scuola. Solo il bambino immigrato di recente dovrà compiere il lavoro di decodifica di una lingua sconosciuta. È ciò che attende anche i bambini francesi espatriati con i loro genitori ai quattro angoli del mondo. Se nessuna scuola francese si trova nei dintorni del nuovo luogo in cui si vive, questi bambini frequenteranno la scuola del paese. Senza avere le competenze linguistiche necessarie, dovranno seguire gli altri studenti e tentare di entrare con loro in questo "nuovo sistema di valori in cui l'acquisizione delle conoscenze precede tutti gli altri", come sostiene la psicologa Bianca Zazzo.[9]

Per il bambino che comincia ad andare a scuola senza capire la lingua che lì è adottata, la sfida è significativa: non solo deve imparare a parlare con gli altri, ma in più deve servirsi della seconda lingua per imparare a leggere. È attraverso la lettura e la scrittura che si familiarizzerà con quest'altro registro linguistico, la lingua della scuola.

Le caratteristiche della lingua "accademica"

Ogni essere umano che impari a parlare in circostanze normali acquisisce le competenze orali necessarie ai rapporti umani in una lingua almeno, la sua lingua materna. La lingua utilizzata nell'interazione con gli altri è accompagnata da gesti, mimica, intonazione adeguati, che permettono di prevedere ciò che verrà detto. È la ragione per la quale un bambino esposto a una lingua che non conosce farà presto a sviluppare le competenze sociali nella comunicazione (Basic Interpersonal Communicative Skills, BICS)[10] necessarie a relazionarsi con gli altri, in questa lingua. I bambini

9. B. Zazzo, *Un grand passage. De l'école maternelle à l'école élémentaire*, PUF, Paris 1987, p. 92.
10. Questa è una categoria di J. Cummins, *Bilingualism and Minority-language Children*, Ontario Institute for Studies in Education, Toronto 1981.

allofoni (che parlano un'altra lingua, rispetto a quella del loro ambiente) sono spesso descritti come eccellenti comunicatori, nella seconda lingua, ma facilmente si sopravvaluta il loro livello di comprensione reale. Per valutare la capacità di un bambino a seguire un corso scolare nella seconda lingua, bisogna accordare uguale importanza alle diverse componenti di questa lingua.

Si tratta soprattutto di considerare le competenze nella lingua "accademica", quella utilizzata per la trasmissione dei saperi in tutti i modi, compresa la forma scritta. Nel bambino monolingue, questa competenza (Cognitive Academic Language Proficiency, CALP) si svilupperà progressivamente con l'ingresso nel sistema scolare.

Se, nelle classi basse, l'insegnamento è ancora parzialmente legato al contesto e la lingua è accompagnata da gesti o da una mimica appropriata, questi indici extralinguistici scompaiono nelle classi superiori. Per comprendere il contenuto di un messaggio, lo studente non potrà più aiutarsi con indici diversi dalla lingua. Le sole parole, scritte o pronunciate dall'insegnante, devono trasmettere il senso.

Per comprendere la complessità del compito dello studente giovane in *full immersion* in una lingua che deve decodificare, lo psicosociologo britannico Colin Baker descrive le diverse competenze in funzione del contesto nel quale l'atto di comunicazione ha luogo.[11] Gran parte della comunicazione quotidiana è legata a situazioni concrete, le intenzioni comunicative sono in rapporto diretto con il luogo e l'ora (per esempio, "Mettiti il cappotto"): la comunicazione quotidiana ha bisogno solo di competenze di comunicazione di base: la BICS, secondo Cummins. È grazie a ciò che circonda il linguaggio (gesti, mimica, movimenti del corpo) che due bambini che parlano lingue diverse sembrano "capirsi a meraviglia".

Un'altra dimensione si aggiunge a quella del contesto nell'atto di comunicazione: il livello intellettivo coinvolto. Quando si parla della pioggia e del bel tempo con un vicino, non c'è bisogno di fare appello alla riflessione o a un ragionamento qualunque. Il fatto di salutare qualcuno, la recita di una poesia sono attività poco esigenti sul piano cognitivo. Diversamente accade quando si tratta di redigere un commento a dei testi o di seguire un insegnamento per il quale una gran quantità di informazioni complesse deve essere assimilata rapidamente.

La comunicazione può dunque essere legata o meno al contesto immediato, e può essere esigente o meno, a livello dell'attività intellettuale. Un bambino in contatto con una seconda lingua acquisisce inizialmente una

11. Modello di C. Baker, *op. cit.*

competenza comunicativa semplice e diretta, non esigente dal punto di vista intellettuale. Nel corso degli anni, l'attività in classe si allontana sempre più dalla semplice conversazione tra compagni di gioco. Un'attività intellettuale intensa deve accompagnare l'uso della lingua, orale e scritta.

Le esigenze cognitive

Anche quando nascono in Francia, molti bambini entrano nella scuola con un vocabolario molto rudimentale. Ciò può essere dovuto a un ambiente familiare poco stimolante sul piano linguistico o alle competenze linguistiche limitate della famiglia.

Può anche accadere che poco spazio venga accordato alle interazioni verbali tra genitori e bambini. Un bambino che cresca in una famiglia *allofona*, dove si parla una lingua diversa dal francese, può aver sviluppato un vocabolario importante nella sua lingua materna e avere conoscenze rudimentali in francese, così come può aver sviluppato un vocabolario povero nella sua lingua madre e in francese.

Se il bambino beneficia di un ambiente familiare stimolante, sul piano linguistico – poco importa la lingua che vi si parla – e se lo sviluppo della lingua familiare continua, dopo la scolarizzazione in francese, potrà acquisire le competenze cognitive necessarie per una scolarizzazione riuscita.

Nel caso in cui un bambino arrivi a scuola senza aver potuto prima sviluppare competenze sufficienti nella sua prima lingua, la scuola materna dovrà colmarne le lacune con una pedagogia adeguata. Sfortunatamente, dato l'alto numero di studenti nelle classi e il poco tempo a disposizione degli insegnanti per consacrarsi a coloro che ne hanno più bisogno, ci sono poche possibilità che lo studente benefici del sostegno necessario a sviluppare tutte le sue competenze linguistiche e cognitive. Il ritardo linguistico constatato all'ingresso della scuola materna sarà difficilmente recuperato durante gli anni della scuola primaria.

Alain Bentolila, professore di linguistica e consigliere scientifico dell'Osservatorio nazionale di lettura francese, insiste sull'importanza di uno sviluppo soddisfacente del linguaggio orale come base di tutti gli apprendimenti scolari. "È verosimile che sia la padronanza della lingua orale a condizionare il destino scolare e il destino sociale; senza una reale padronanza della lingua orale, non ci sono ingressi possibili nel mondo dello scritto, senza reale padronanza della lingua orale, non ci sono reali possibilità di integrazione sociale."[12]

12. A. Bentolila, in I. Mazel, M.C. Bajard, J. Mesnager, N. Robert (a cura di), *Regards sur la lecture et ses apprentissages*, ONL, Paris 1996.

La situazione del bambino che presenta un ritardo linguistico (nella sua lingua materna o in francese) diviene dunque precaria a partire dal primo anno della scuola primaria. Non avrà raggiunto il livello linguistico che si suppone appartenga a un bambino di 6 anni, sul quale si basano i programmi scolastici.

Se non è francofono, potrà raggiungere rapidamente un livello di comunicazione semplice e sarà di conseguenza considerato, poco dopo, allo stesso titolo degli altri bambini. Il linguista Jim Cummins e altri ricercatori parlano della "facciata linguistica" che questi bambini dimostrano, dopo poco tempo che sono esposti alla seconda lingua. Hanno acquisito una facilità nei contatti con il loro ambiente, ma che si limita all'uso della lingua orale. Questa apparente padronanza nasconde la mancata padronanza degli aspetti più astratti e decontestualizzati della lingua.

@ UN APPRENDIMENTO DIFFICILE

Mia moglie è svedese e vive in Francia da quattro anni. Ha una figlia di 10 anni, nata da un primo matrimonio, scolarizzata, a partire dal primo anno della scuola elementare, in una scuola francese. È attualmente in quarta elementare. Brigitta continua a parlare svedese con sua madre, che le insegna a leggere e scrivere, ma ha avuto qualche difficoltà scolastica fin dall'inizio. Si esprime in un francese molto corretto, ma le manca il vocabolario e fa spesso fatica a capire le consegne degli esercizi. Inoltre, alcuni referenti culturali, soprattutto in storia, le sfuggono completamente, essendo lei ancora completamente legata alla cultura svedese (vi passa tutte le vacanze con la famiglia della madre). Su consiglio della sua maestra, abbiamo consultato un ortofonista, che non può aiutarla, dal momento che non soffre di alcun problema da questo punto di vista. Quanto alla rete di aiuti ai bambini in difficoltà, che si occupano dei problemi scolastici dei bambini non francofoni, si rifiutano di prenderla in carico, stimando che parli sufficientemente bene il francese. L'ortofonista ci ha più o meno consigliato di mettere un po' da parte lo svedese, per meglio dedicarsi all'apprendimento del francese. Il mio problema è aiutare Brigitta a progredire in francese, senza privarla della lingua e della cultura di sua madre.

I meccanismi di lettura

Una nuova sfida verrà lanciata al bambino che arriva al grado preparatorio: l'apprendimento della forma scritta della nuova lingua. Per quanto poco abbia frequentato una scuola materna in un altro paese, avrà eventualmente già gettato le basi per questo apprendimento: le scuole britanniche, per esempio, innescano l'apprendimento della lettura a partire dalle scuole materne, i bambini francesi cominciano dalle attività di prelettura, mentre un bambino tedesco può aver trascorso tutta l'infanzia fino ai 6-7 anni a giocare in una scuola dell'infanzia o a casa, senza aver avuto alcun approccio sistematico alla lingua scritta (l'apprendimento dell'alfabeto, per esempio).

Ritorniamo in Francia. Il bambino non francofono e il bilingue precoce consecutivo – che ha acquisito il francese dopo la lingua materna – si confrontano con una difficoltà importante: quella di avvicinarsi all'apprendimento della lettura con la mancanza di un bagaglio linguistico francese – nel caso del bambino allofono – o almeno in rapporto ai bambini francofoni – nel caso del bilinguismo precoce.

In occasione di una delle mie conferenze, un uditore comunicava di non riuscire a comprendere le difficoltà dei bambini non francofoni nell'apprendimento della lettura, nel caso in cui si trovassero nella stessa situazione dei piccoli francofoni: i bambini non francofoni non sapevano leggere! Imparare a leggere sarebbe dunque un'attività indipendente dalla lingua che si parla? Quando un bambino impara a leggere e scrivere, acquisisce un metodo interamente nuovo ed efficace per rappresentare il mondo che lo circonda. Il bambino deve imparare che a un suono (un fonema) corrisponde una lettera o un gruppo di lettere scritte (un grafema), che a un'immagine mentale corrisponde una serie di grafemi, una parola scritta. Deve comprendere che ci si può rappresentare ciò che viene detto con tratti su un pezzo di carta, deve imparare anche che questa corrispondenza tra un'immagine mentale ("mamma", per esempio) e la sua rappresentazione grafica è retta da regole, l'ortografia.

L'atto di leggere fa appello a due variabili, il riconoscimento delle parole e la comprensione orale. Il cervello elabora e mette in memoria un repertorio di parole della lingua orale e il loro significato. Questo repertorio si arricchisce molto rapidamente durante i primi anni di vita. A 6 anni, un bambino ha acquisito un repertorio di circa 3000 parole in vocabolario attivo (produce queste parole) e circa 8000 parole in vocabolario recettivo (comprende le parole, ma non le usa). Un precedente della comprensione del codice alfabetico è la coscienza fonologica, messa in evidenza, da vent'anni a questa parte, da numerosi lavori di ricercatori in diverse lingue alfabetiche. Per imparare a rappresentare i suoni del linguaggio parlato con delle lettere, il bambino deve essere capace di scomporre le parole in segmenti fonologici. Può riconoscere, per esempio, le parole "mano" e "pane" sul piano fonetico e conoscerne il senso, ciò che è sufficiente per la lingua orale.

Ma scoprire che due parole fanno rima, che hanno una sillaba e due fonemi diversi non è necessario per trattare la lingua orale.[13] Questa capacità di indispensabile prelettura si sviluppa grazie alle attività organizzate nelle scuole materne. Nondimeno, la coscienza fonologica e la capacità di scomporre una parola in segmenti non garantiscono da sole la lettura. Non basta saper decifrare delle lettere se non si capisce ciò che si legge. La coscienza fonologica deve associarsi con l'esposizione precoce a dei testi scritti – libri d'immagini e storie – al fine di sviluppare la comprensione del testo scritto.

Il bambino bilingue e il bambino monolingue affrontano la lettura

In generale, i bambini di età prescolare imparano a riconoscere le lettere e a "leggere" parole scritte associate a un'immagine. Ma quando si mostra loro, a 4 anni, la parola da sola, sono incapaci di riconoscerne il senso. La psicologa Ellen Bialystok ha testato 137 bambini bilingui (francese/inglese e cinese/inglese) e monolingui inglesi di 4 e 5 anni, a proposito della loro capacità di riconoscere il senso di una parola scritta, e dunque di riconoscere che la parola scritta può rappresentare simbolicamente un oggetto, né più né meno che un'immagine.[14] Inizialmente, viene mostrato un foglio, con una parola scritta, piazzato sotto l'immagine di un oggetto nominato (per esempio, un cane). In seguito, il foglio con la parola scritta viene spostato sotto un'altra immagine. I bambini bilingui di 4 anni riconoscevano la parola, e nominavano l'oggetto correttamente il doppio delle volte dei bambini monolingui. Secondo Ellen Bialystok, i bambini bilingui sanno che è la parola scritta che porta il senso, e non l'immagine, e questo in entrambe le loro lingue. Sembrano avere più facilità a integrare con rapidità il principio di corrispondenza e scrittura perché sono già abituati all'arbitrarietà del legame tra un'immagine mentale e il significato corrispondente.

In quale lingua bisogna che il bambino bilingue apprenda la lettura? L'esperienza dell'insegnamento in *full immersion* in Québec (l'insegnamento ha luogo in francese per gli studenti anglofoni) ha mostrato che è possibile, con un insegnamento appropriato, che dei bambini imparino

13. M. Zorman, "Précarisation et apprentissages scolaires", in *Précarisation, risque et santé*, INSERM, Paris 2001, pp. 273-291.
14. E. Bialystok, "Effects of bilingualism and biliteracy on children's emerging concepts of print", in *Developmental Psychology*, 33, 3, 1997.

a leggere in una lingua della quale non hanno una conoscenza di vocabolario estesa.[15]

Sembra quindi che, in caso di bilinguismo additivo (per cui una lingua valorizzata si aggiunge alla lingua dominante), la scelta della lingua (se si debba cominciare leggendo per prima la prima o la seconda lingua) per l'apprendimento della lettura non sia decisiva per lo sviluppo delle competenze di lettura. Proprio al contrario, la quantità di lettura effettuata da un bambino predice un alto livello di *literacy* (capacità di utilizzare la lingua scritta in tutti gli ambiti della vita): è la lettura intensiva che dà accesso a un vocabolario ricco, che è a sua volta il miglior garante per una elevata competenza nella lettura e nella scrittura.

Secondo il principio dell'interdipendenza delle lingue sviluppato dal canadese Jim Cummins, le conoscenze in una lingua passeranno nell'altra. Ciò significa che in un programma bilingue giapponese/inglese in Giappone, per esempio, l'insegnamento della lettura in inglese non sviluppa solamente delle competenze in lettura in questa lingua, ma, allo stesso tempo, sviluppa una competenza concettuale e linguistica più profonda, che migliora l'apprendimento della lettura in giapponese. In altri termini, questa competenza comune soggiacente (Common Underlying Proficiency, CUP) rende possibile il trasferimento di competenze cognitive e il meccanismo della lettura da una lingua all'altra. La competenza comune soggiacente permette, per esempio, a una persona bilingue di leggere una storia in danese, e raccontare ciò che si è letto al proprio interlocutore in francese.

I genitori di bambini bilingui si domandano spesso come connettere l'apprendimento della lingua a scuola con la lingua in famiglia. Molti genitori espatriati, fortemente legati al francese, lingua familiare, esprimono inquietudine nel sapere che il loro bambino impara a leggere e scrivere nella lingua del paese dove vivono insieme, e temono che non sia in grado di acquisire le stesse conoscenze nella lingua materna. Risulta molto difficile accettare che il loro bambino cominci la lettura nell'altra lingua e, per timore di ritrovarsi in ritardo, cominciano a insegnare la lettura del francese al bambino. Se si fa riferimento all'esperienza canadese di *full immersion* citata sopra, e al principio del transfert delle competenze, non c'è ragione di preoccuparsi che questi bambini non sappiano leggere nella loro lingua madre.

Tutto ciò è confermato da un'esperienza di *full immersion* in inglese, in Belgio. A Liegi, più scuole primarie francofone sono coinvolte in que-

15. J. Cummins, "Immersion education for the millennium: What we have learned from 30 years of research on second language immersion", Ontario Institute for Studies in Education of the University of Toronto, Toronto 2003.

sto progetto. Nella maggior parte di queste scuole, la *full immersion* in inglese comincia durante l'ultimo anno della scuola dell'infanzia. I bambini cominciano l'apprendimento della lettura e della scrittura in inglese al primo anno di scuola primaria. Un anno più tardi, in seconda elementare, i bambini si avvicinano all'apprendimento della lettura in francese, mentre l'apprendimento della scrittura – e dunque dell'ortografia – non è introdotto che in terza elementare. I bambini che partecipano a questo programma di immersione sono stati seguiti da un'équipe di ricercatori dell'Università di Liegi.[16] Sono state testate le competenze nella lettura e nella comprensione del francese in 150 bambini dai 7 ai 12 anni. Le loro competenze sono state confrontate con quelle di bambini francofoni che seguivano un insegnamento monolingue. I test riguardavano la velocità di lettura, il tipo e il numero di errori, la competenza fonologica (manipolazione della rima e del fonema). La sola differenza constatata tra i due gruppi risiede nella velocità di lettura. All'inizio dell'apprendimento, i bambini bilingui, partendo spontaneamente dal sistema di corrispondenza grafema/fonema inglese, ci mettono qualche minuto a rendersi conto che si muovono in un sistema francese, e a correggere la lettura di conseguenza. I bambini in *full immersion* mostrano, a partire dall'inizio dell'età scolare, un vantaggio sui bambini monolingui per ciò che concerne la coscienza fonologica.

@ UN TRANSFERT DI COMPETENZE

Ho atteso che mia figlia avesse ben avviato la lettura in tedesco, per poter poi cominciare con la lettura in francese, dopo essermi assicurata, con la sua insegnante, che non avrebbe avuto problemi a scuola. Dopo questa "autorizzazione", sono stata pronta a partire con l'apprendimento della lettura in francese, per notare con stupore che sapeva già leggere! Non so proprio come sia successo, ma ha dovuto "imparare" tutto da sola, parallelamente, per deduzione da ciò che sapeva dall'orale e dalla decifrazione di lettere imparate a scuola. Ci sono stati, certo, degli errori di pronuncia, ma tutto ciò è stato corretto in fretta.

Ha luogo dunque un transfert nelle competenze di lettura da una lingua all'altra. Se, all'inizio, esistono esitazioni o "miscugli" di pronuncia a livello delle parole, queste difficoltà scompaiono man mano che il bambino progredisce nell'apprendimento.

16. A. Comblain, "L'apprentissage des langues étrangères en milieu scolaire et préscolaire: de l'utilité de l'immersion linguistique précoce", in Actes des *Entretiens de Bichat. Entretiens d'orthophonie 1998*, Expansion scientifique française, Paris 1998, pp. 17-27.

Considerando i meccanismi cognitivi in gioco nell'apprendimento della lettura, si comprendono le difficoltà di bambini che entrano nella scuola elementare senza padroneggiare la lingua che vi si parla, e senza aver potuto sviluppare una coscienza fonologica sufficiente, non fosse che nella sola lingua madre. In questo caso di bilinguismo sottrattivo (scolarizzazione per "immersione" nella lingua della maggioranza e sviluppo insufficiente della lingua materna), che è più che mai sfavorevole agli apprendimenti scolastici, è fondamentale che il bambino possa beneficiare di un supporto pedagogico (una classe di avvio) tanto a lungo quanto è necessario per poter sviluppare tutte le competenze linguistiche.

Quale insegnamento per il bambino bilingue?

I genitori arrivati recentemente in Francia (o i francofoni espatriati in un altro paese) non hanno in genere altra scelta che contare sulla scuola per trasmettere una buona conoscenza della lingua del paese al loro bambino. Secondo un'idea ampiamente diffusa, più un bambino è esposto alla seconda lingua, più velocemente l'apprenderà. È possibile che il bambino di età prescolare possa acquisire la nuova lingua nell'ambiente informale della scuola materna. Non è più possibile, invece, per un bambino di più di 6 anni. Viste le conoscenze attuali sull'apprendimento della lettura e sull'acquisizione delle competenze "accademiche" della lingua, non è consigliabile scolarizzare un bambino in *full immersion* nella scuola del suo paese, con il pretesto che più sentirà parlare la nuova lingua, più velocemente la imparerà.

Per i bambini di questa età, la miglior maniera di promuovere lo sviluppo della seconda lingua è l'uso congiunto della lingua materna e della lingua del paese, per la trasmissione dei saperi. I bambini che percorrono un tale cammino fanno migliori progressi nella seconda lingua, contrariamente a ciò che si potrebbe credere. Questo sistema – sfortunatamente, troppo raro in Francia – possiede inoltre il vantaggio di sviluppare la lingua materna, e dunque di evitarne l'erosione. A volte si può consigliare di scolarizzare il bambino in età scolare inizialmente nell'ultimo anno della scuola materna per lasciargli acquisire le competenze orali in francese, e allo stesso tempo beneficiare delle attività di preparazione alla lettura. Beninteso, ci si trova nella situazione difficile di dover scegliere tra una scolarizzazione corrispondente all'età del bambino, e quella che dà priorità all'acquisizione del francese. La scelta ideale sarebbe di certo una scuola bilingue, avente come prima lingua d'insegnamento la lingua dominante che si apra progressivamente all'uso della lingua del paese.

Con l'inizio della scuola elementare comincia, per ogni bambino bilingue, un periodo cerniera in cui la scelta del sistema di insegnamento determinerà la progressione del suo bilinguismo negli anni a venire. L'augurio che molti genitori si fanno è, di sicuro, la continuità delle competenze bilingui. Sia che il bambino presenti competenze dominanti in francese, o nell'altra lingua, l'influenza della scuola è tale che, in poco tempo, il francese diventerà maggioritario per tutti i bambini. Ciò è dovuto, da una parte, al tempo della scolarizzazione, estremamente lungo nel sistema francese, e, d'altra parte, all'approccio con gli apprendimenti fondamentali, come la lettura e la scrittura; la lingua è eccessivamente "fissata" nel cervello, contrariamente a lingue divenute minoritarie, che non riposano che su una pratica orale. Per lottare contro l'erosione della lingua minoritaria, bisognerà vegliare che le venga riservato un posto sufficiente nel corso della giornata. La soluzione ideale sarebbe, evidentemente, ancora una volta, l'insegnamento bilingue, in cui entrambe le lingue sono utilizzate per la trasmissione dei saperi.

6

La difficoltà di essere bilingue

Il bilinguismo in pericolo

Quale posto per la lingua familiare?

Come già detto, a partire dall'ingresso nell'ultimo anno di scuola dell'infanzia, la situazione della lingua familiare s'indebolisce. Basta che la lingua d'origine non sia considerata un vantaggio supplementare per la riuscita scolastica, perché numerosi genitori tendano a dimenticare la loro lingua materna a vantaggio della lingua del paese. Si mettono a parlare francese in famiglia, nell'intenzione di aiutare i loro bambini nell'integrazione a scuola. Secondo l'opinione di molti ricercatori, l'interruzione prematura dell'acquisizione della lingua materna può avere ripercussioni sullo sviluppo cognitivo del bambino, senza parlare del fatto che il ruolo educativo dei genitori è indebolito dall'uso di una lingua mal padroneggiata.

Si sa che, nel bilinguismo consecutivo, i due sistemi linguistici sono interdipendenti, vale a dire che la seconda lingua può svilupparsi solamente se la prima lingua continua a progredire.[1] Nell'altra direzione, lo sviluppo della seconda lingua influisce su quello della lingua materna. Sembra che sia importante che la lingua materna possa raggiungere un livello di competenza sufficiente a permettere alla seconda lingua di instaurarsi, sulla base dell'acquisito.

Facciamo l'esempio di un bambino allofono [che parla un'altra lingua rispetto alla comunità in cui vive], che entri a scuola all'età di 5 anni, ovvero a un'età in cui la sua lingua materna è ancora in corso di sviluppo. Con-

1. J. Cummins, "Semilingualism", in R.R. Asher (a cura di), *International Encyclopedia of Language and Linguistics*, Elsevier Science Ltd., Oxford 1994, pp. 3812-3814.

tinuerà a praticare quest'ultima nel suo ambiente familiare, pur continuando ad accumulare l'acquisizione del francese a scuola. La prima lingua provvede, per così dire, terreno fertile perché il francese possa svilupparsi. In questo caso, il bambino sarà bilingue nel giro di poco tempo. Più svilupperà le competenze linguistiche e concettuali in lingua madre, più la seconda lingua attingerà a queste competenze per un meccanismo di transfert, per evolversi a sua volta a un alto livello di competenza.

@ UNO SFORZO PERMANENTE

Non mi ci vedo proprio a parlare in inglese a mio figlio, visto che non è la mia lingua materna, e visto che ho evidentemente un accento francese, quando parlo inglese. La lingua maggioritaria si impara a scuola, per strada, con gli amici, alla televisione... La lingua minoritaria non dispone degli stessi percorsi privilegiati per l'apprendimento. Tenerla, persino farla progredire (non accontentarsi, per esempio, della comprensione e dell'espressione orale, ma chiedere, allo stesso modo, un apprendimento in termini di lettura e scrittura) è una piccola montagna da scalare, ogni giorno un poco. Un compito difficile, ma non impossibile. Nessun bisogno di affrettarsi. Procedere per tappe. Avanzare, ogni giorno, anche a piccoli passi. In ogni caso, ho la sensazione di offrire a mio figlio un sacro regalo di vita. Egli ha questa fortuna sfacciata di essere bilingue e, soprattutto, di essere bi-culturale. Forse sceglierà, un giorno, quando sarà più grande, una lingua piuttosto che un'altra. Forse rifiuterà il francese, una volta adulto. Non so, e in ogni modo sarà una decisione che spetterà a lui.

Se l'acquisizione della lingua materna si interrompe a un punto in cui il suo sviluppo non è terminato, ovvero al momento della formazione dei concetti, la seconda lingua non troverà basi sufficientemente solide per mettere radici. Altrimenti detto, se i genitori decidono di arrestare brutalmente l'uso della lingua materna con il loro bambino, con l'intenzione di facilitargli l'apprendimento del francese, rischiano di ostacolare proprio il suo progresso nella lingua francese.

Notiamo che questo paradigma è confermato in situazioni di contatto tra una lingua dominante e certe altre lingue minoritarie. Per arrivare a una situazione di influenza reciprocamente negativa tra le due lingue, bisogna che diversi parametri vengano a combinarsi: che la lingua materna sia una lingua "minore" o "rara" (secondo la denominazione standard dell'Education nationale [Ministero dell'Istruzione francese]), che essa non goda di supporti scritti (giornali, libri), il suo uso sia ridotto alle interazioni interpersonali quotidiane e la famiglia accordi uno spazio preponderante alla lingua francese, che peraltro non viene padroneggiata a sufficienza.

In Francia, tutti coloro che parlano lingue minoritarie non sembrano particolarmente toccati dall'abbandono precoce di questa pratica. Un'inchiesta sociolinguistica[2] condotta a Lione, per esempio, ha osservato una grande vitalità linguistica (mantenimento della lingua di famiglia e trasmissione ai propri figli) di alcune lingue come il turco o il cambogiano. Un'importante rete comunitaria e l'accesso a programmi televisivi nella lingua d'origine contribuiscono a valorizzare e mantenere l'uso della lingua nel settore privato.

@ ALLA RICERCA DEL TEMPO PERDUTO

Lena è di origine russa e vive da molti anni in Germania. Proviene dal Kazakistan, una ex repubblica sovietica dove Stalin aveva deportato, dopo la guerra, numerosi russi di origine tedesca, giunti due o tre secoli prima per ragioni economiche nella zona del Volga. Questi russi di origine tedesca hanno oggi il diritto di ripercorrere il cammino al contrario e di trasferirsi in Germania, dove acquisiscono automaticamente la nazionalità tedesca. Il marito di Lena è uno di questi discendenti dei "russi/tedeschi del Volga, deportati in Kazakistan". Dal momento che è preferibile vivere in una piccola città tedesca che in quel deserto economico che è diventato il Kazakistan, hanno dunque tutti deciso di "emigrare" in Germania. Il marito di Lena ha trovato lavoro in una piccola città dello Schleswig-Holstein.
La priorità più urgente è: apprendere il tedesco per integrarsi, per essere accettati dai vicini, dai genitori degli amici dei figli a scuola, dai colleghi di lavoro, dai commercianti del quartiere. Lena ha seguito dei corsi di tedesco e a casa, con i suoi bambini, ha parlato tedesco. Grazie a ciò, ha potuto fare rapidi progressi e si è quindi integrata (abbastanza) rapidamente nel suo paese d'adozione. Il prezzo di questo inserimento: suo figlio maggiore (di 12 anni), nato in Kazakistan, comprende il russo ma non lo parla. Suo figlio minore (di 9 anni) non capisce la lingua di sua madre. Ora che padroneggiare il tedesco non è più una priorità per lei, si domanda come recuperare il tempo perduto.

2. M. Akinci, J. De Ruiter, F. Sanagustin, *Le plurilinguisme à Lyon. Le statut des langues à la maison et à l'école*, L'Harmattan, Paris 2004.

Si può dimenticare la lingua materna?

Questa domanda appassiona la ricerca e inquieta i bilingui: si può dimenticare una lingua appresa nell'infanzia e, a maggior ragione, la "mitica" lingua materna? Questa domanda si giustifica, quando si vive in un paese in cui la lingua maggioritaria è la seconda lingua del bilingue. Essa interessa ogni bilingue che viva in un contesto di bilinguismo dominante, con una prima lingua in posizione debole, perché parlata solo nella famiglia o da un gruppo ristretto di persone.

La prima tappa nell'erosione di una lingua – chiamata in inglese *attrition* – è caratterizzata da esitazioni nel trovare la parola giusta, dall'uso frequente di prestiti dalla lingua dominante, per finire, dopo lunghi anni di contatto con la lingua dominante, all'impossibilità di produrre enunciati nella lingua materna.

Esistono numerosi studi che dimostrano che la perdita di una lingua dipende dall'età in cui questa ha preso piede. Sembra persino che l'età della pubertà vi giochi un ruolo chiave. Se un bambino, in seguito all'esposizione a una seconda lingua dominante, non pratica abbastanza la sua prima lingua, vi è un grande rischio che la lingua si indebolisca seriamente, un rischio che arriva fino alla possibilità della dimenticanza. Se, al contrario, la prima lingua resta attiva fino alla pubertà, ci sono buone probabilità che venga mantenuta, anche dopo decenni passati in un ambiente dove domina la seconda lingua.

@ UNA PRIMA LINGUA PASSEGGERA

Mia figlia ha 6 anni. Frequenta la prima elementare, e tutto sembra andare bene. Io sono francese, suo padre danese. Chiara è nata in Danimarca e le prime parole che ha pronunciato sono state danesi. Aveva 3 anni quando siamo partiti per la Francia dove, dopo un anno di scuola dell'infanzia, ha dimenticato tutte le parole danesi che conosceva.

Si sa da tempo che l'immersione in un ambiente linguistico differente ha per conseguenza un riequilibrio nelle lingue del bilingue. Assai rapidamente, la lingua dell'ambiente diviene dominante.

Ma ciò non significa che la persona si trovi sulla strada della dimenticanza della sua prima lingua. Per giungere a questo estremo bisogna che convergano un certo numero di parametri. Dunque, l'atteggiamento verso la prima lingua, il suo statuto nella società, i fattori affettivi: tutto ciò entra nel processo di perdita di una lingua. Si pensa, per esempio, che uno stress emozionale generato da circostanze eccezionali (una persecuzione, per esempio) possa avere un effetto acceleratore sulla perdita di una lingua.[3] Anche l'adozione è una situazione altamente emozionale per un bambino, ed esistono indizi che mostrano il suo impatto per il rischio di perdita della lingua, come mostra lo studio condotto sui bambini francesi adottati, di origine coreana, di cui abbiamo parlato in un capitolo citato in precedenza. I risultati sorprendenti di questo studio forniscono una prova del fatto che la fissazione dei circuiti neuronali per il trattamento della lingua materna è reversibile, nei primi anni di vita, e che una prima lingua si può dunque dimenticare completamente se un'altra ne prende il posto, fino all'età, piuttosto avanzata, di 8 anni (uno dei bambini coinvolti nello studio citato era stato adottato a 8 anni).

@ QUANDO LA LINGUA RIAPPARE

Ho sentito parlare l'inglese e il francese a partire dalla nascita... A 6 anni, sembra che io abbia rifiutato da un giorno all'altro l'inglese, dal momento che viviamo in Francia... Col tempo, sembra che io abbia persino dimenticato questa lingua, non riuscivo più a comunicare con i miei cugini gallesi, ma tutto è miracolosamente ritornato alla mia memoria al mio ingresso in prima media (senza dubbio perché avevo improvvisamente il "diritto" di imparare nuovamente l'inglese, come i miei compagni?).

È possibile, nondimeno, come concedono gli autori dello studio, che alcune tracce della prima lingua rimangano nel cervello, ma che queste non possano essere rese visibili con i metodi attuali dell'IRMf. È dunque del tutto possibile che la lingua dimenticata sia riattivata nuovamente dopo un allenamento dei soggetti alla lingua coreana. Ciò significa che in un'attività d'apprendimento del coreano queste persone potrebbero fare dei progressi più rapidamente di altre, che non siano mai state esposte alla lingua. Similmente, uno studente francese racconta: "Quando ero bambino, la mia famiglia viaggiava molto per ragioni professionali, e dai 5 agli 8 anni ho quindi vissuto in Giappone. Sembrava che parlassi bene in giapponese, ma non ne ho più alcun ricordo. Ho voluto riprendere l'apprendimento del giapponese quando ero all'università. Con mio grande dispiacere, non mi sono trovato ad avere alcun vantaggio, rispetto agli altri studenti francesi. Non avevo alcun ricordo di questa lingua, e facevo

3. M.S. Schmid, *First Language Attrition, Use and Maintenance. The Case of German Jews in Anglophone Countries*, John Benjamins, Amsterdam-Philadelphia 2002.

fatica ad apprenderne la pronuncia e tutto il resto. Il secondo anno è avvenuta una cosa sorprendente: è come se mi si fosse riacceso il ricordo, la lingua mi sembrava tutto a un tratto facile e facevo dei progressi enormi, rispetto agli altri! Oggi parlo giapponese con un accento francese quasi insignificante!".

È probabile che alcuni meccanismi psicologici legati alle emozioni – ma che non abbiamo ancora potuto scoprire – siano in gioco qui. Come spiegare altrimenti che persone sotto ipnosi si mettano a parlare lingue "dimenticate" della loro infanzia, che erano incapaci di comprendere, una volta risvegliatisi?[4]

Come per l'acquisizione del linguaggio, e delle lingue, sembra esistere un periodo sensibile per la perdita di una lingua: più l'acquisizione di una seconda lingua è rapida per il bambino (durante il periodo sensibile), più grande è la probabilità che dimenticherà la sua prima lingua. Altrimenti detto, più un bambino è giovane quando la sua prima lingua si indebolisce, più la dimenticanza di questa lingua sarà rapida e irreversibile.[5]

È noto che sono necessari più anni prima che la prima lingua sia completamente "fissata" tanto nel cervello quanto al livello delle rappresentazioni mentali, sebbene sia impossibile determinare un'età precisa nella quale questo processo può considerarsi terminato. Durante questo periodo di "messa di radici" da parte della lingua, essa può essere facilmente rimpiazzata da altre lingue.[6]

Nella ricerca, ci si accorda per dire che la dimenticanza della prima lingua può essere totale se una seconda lingua diventa dominante prima degli 8 o dei 9 anni. Questo limite di età coincide con l'età in cui un bambino acquisisce, di solito, la lettura e la scrittura. Tutto ciò induce a pensare che questa attività aiuti a "fissare" ulteriormente la lingua nel cervello, fino a creare dei nuovi circuiti neuronali. La prima lingua sarebbe, quindi, meno sensibile all'influenza della seconda.

Per dei genitori preoccupati di preservare la prima lingua di famiglia – e tramite ciò, il bilinguismo del loro bambino – questi risultati sono importanti. Ci permettono di comprendere che l'acquisizione completa di una lingua è un'impresa lunga e che il bilinguismo è lungi dall'essere acquisito quando il bambino comincia a parlare due lingue. Dopo la prima decisione di una coppia di allevare il loro bambino in due lingue, oppure a

4. E. Fromm, "Age regression with unexpected reappearance of a repressed childhood language", in *International Journal of Clinical and Experimental Hypnosis*, 18, 1970, pp. 79-88.
5. B. Köpke, "Language attrition: The next phase", in M.S. Schmid, B. Köpke, M. Keijzer, L. Weilemar (a cura di), *First Language Attrition: Interdisciplinary Perspectives on Methodological Issues*, John Benjamins, Amsterdam 2004.
6. *Ibidem.*

partire dall'arrivo della famiglia espatriata nel paese di residenza, fino al bilinguismo reale del bambino, fattori multipli e vari avranno messo in pericolo lo sviluppo bilingue.

Tra questi fattori, il giudizio dei professionisti dell'educazione a proposito delle competenze linguistiche del bambino occupa un posto preponderante. Quando un problema linguistico si manifesta a scuola, vi è un rischio molto forte che il bilinguismo venga messo in discussione.

Il ritardo linguistico

Il compito degli insegnanti è quello di rilevare al più presto ogni ritardo linguistico per poter prevenire eventuali problemi scolastici che renderebbero difficile l'apprendimento della lettura. Questo atteggiamento, sfortunatamente, non tiene conto delle particolarità del bambino che vive a contatto con due lingue.

Abbiamo visto in precedenza che il linguaggio di un bambino bilingue può sempre apparire "in ritardo" in rapporto a una norma monolingue. È necessario ricordare che il numero di parole che un bambino bilingue di 2 anni conosce, in una sola delle sue lingue, non sarà lo stesso di un bambino monolingue della stessa età? Notiamo così che lo sviluppo del linguaggio va sempre considerato in un quadro più ampio di sviluppo generale del bambino.

@ IL BILINGUISMO SOTTO ARRESTO

Siamo una coppia mista, io parlo francese a nostro figlio Yoann e mio marito gli parla tedesco. Viviamo in Francia. Yoann, di 3 anni, mescola il tedesco e il francese, e non si esprime chiaramente né in una lingua, né nell'altra. È entrato nella scuola materna quest'anno. L'educatrice ha chiesto a mio marito di non rivolgersi più a suo figlio in tedesco, perché questa doveva essere la ragione del suo ritardo linguistico. Il tedesco è, oltretutto, la lingua dei cugini e dei nonni a cui facciamo regolarmente visita. Mio marito vive assai male questo rimprovero velato e io stessa comincio a sentirmi arrabbiata. Viviamo male questo ingresso a scuola e vogliamo continuare a parlargli, ciascuno, nella sua lingua "migliore", ma l'impressione è di essere messi all'indice e, peggio ancora, di aver fatto una scelta sfortunata che ci ha reso inquieti e meno naturali con i nostri bambini.

Facciamo l'esempio di Paul, bambino bilingue franco/tedesco che frequentava, qualche anno fa, una scuola dell'infanzia tedesca, nella regione di Parigi. A 3 anni, la sua competenza linguistica si riduceva a qualche parola, al punto che sua madre, tedesca, si domandava se non bisognasse smettere di usare il tedesco a casa. Era tanto più inquieta, in quanto un altro bambino, monolingue francofono della stessa età, Yann, componeva già frasi complesse. Ma la differenza tra i bambini era altrettanto evidente sul piano motorio e, in particolare, nella motricità sottile. Paul era molto abile quando si trattava di infilare perline, mentre Yann era incapace di manipolare questi oggettini, in "ritardo" sul piano psicomotorio; aveva innanzitutto privilegiato le sue capacità linguistiche e comunicative. Paul, più composto, si esprimeva piuttosto con le dita, nella manipolazione degli oggetti. Oggi sono entrambi liceali e studenti eccellenti.

Attribuendo un semplice ritardo linguistico al bilinguismo, si rischia di trascurare le cause reali. Il bilinguismo non immunizza dalle turbe psicologiche o da altre anomalie dello sviluppo che comprometterebbero una buona acquisizione del linguaggio. Una delle cause frequenti del ritardo linguistico, per esempio, sono le otiti a ripetizione, soprattutto quando passano inosservate. Sono spesso all'origine di un abbassamento dell'udito. Il bambino non può ripetere correttamente i suoni, se non li distingue, cosa che risulta in una pronuncia approssimativa e in un ritardo acquisitivo.

Bisogna considerare con prudenza l'argomento di alcuni ortofonisti, secondo cui una "cattiva gestione" delle lingue – sottinteso: la pratica dell'alternanza dei codici – in famiglia potrebbe ostacolare uno sviluppo corretto del linguaggio. Come abbiamo visto in un capitolo precedente, non è raro che nella stessa famiglia circolino più lingue, in allegra mescolanza. Niente permette di affermare che questa pratica corrente abbia un effetto negativo sullo sviluppo del linguaggio del bambino.

Sfortunatamente, se questa gestione linguistica particolare ha luogo, agli occhi dei monolingue, in un ambiente socialmente sfavorevole (genitori in ristrettezze per problemi di alloggio, disoccupazione, discriminazione ecc.), il bambino ha poche possibilità di acquisire un francese corretto. In tale situazione, tutti i problemi sociali vengono facilmente occultati, per concentrarsi sulla sola lingua. Il risultato è l'impedimento, in seno alla famiglia, dell'altra lingua, dimenticando che questa precauzione permetterebbe un migliore apprendimento della lingua francese e la prevenzione dell'insuccesso scolastico.[7]

7. E. Bautier, "Enfants de migrants, langue(s) et apprentissage(s)", in *Migrants Formation*, 83, 1990, pp. 65-73.

Bilinguismo e altri problemi di linguaggio

Si attribuisce troppo facilmente al bilinguismo la ragione della balbuzie del bambino, e se ne conclude che il trattamento deve passare attraverso la soppressione della lingua materna. La balbuzie è un problema di "meccanica della parola", un problema di coordinazione motoria, e interessa quattro volte di più i maschietti che le bambine, tra i 2 e i 5 anni. Le persone che balbettano sono sensibili allo stress, alla fatica, alle emozioni e all'eccitazione.[8] Un bambino bilingue che ritorni da scuola, impaziente di raccontare un avvenimento a sua madre, deve fare uno sforzo supplementare per trasporre il suo vissuto nell'altra lingua. Basta un pochino di rigidità nell'uso delle lingue in famiglia (divieto di parlare la lingua a scuola, con la madre ecc.): il bilinguismo può contribuire alla balbuzie, in quanto fattore di stress supplementare per il bambino. In un bambino con una predisposizione alla balbuzie, la gestione rigida delle lingue probabilmente la aumenterà.

Il rimedio non consiste nel bandire la seconda lingua, ma nell'avvicinarsi alle lingue con maggiore relax: non imporre una lingua di comunicazione, ma lasciare che il bambino usi la lingua che vuole. Recentemente, un'équipe australiana[9] ha mostrato che la balbuzie in un bambino bilingue si può guarire se ci si concentra sul trattamento della prima lingua del bambino. La balbuzie nella seconda lingua scompare in contemporanea. E ciò prova assai bene il fatto che non è il bilinguismo la causa di questo problema.

Anche la dislessia è un disturbo del linguaggio di cui si attribuisce la causa, a volte, al bilinguismo. Essa si definisce come un ritardo di più di 18 mesi nell'apprendimento della lettura. Si pone dunque la questione di sapere se sia il bilinguismo a indurre la dislessia, o non piuttosto la dislessia a rendere difficile lo sviluppo bilingue. Alcuni linguisti, come Ludo Beheydt[10] dell'università di Lovanio, in Belgio, propendono per questa seconda ipotesi. Secondo Beheydt, il compito complesso di collegare ciascuna parola al suo concetto è più complesso per un bambino bilingue, perché deve collegare non una parola, ma due parole a un concetto. Per un bambino che già possiede difficoltà nel trattare le informazioni a velocità normale, l'obbligo di possedere due sistemi di sonorità potrebbe ral-

8. Comunicazione su: http://www.ooaq.qc.ca/Fiches/begaie.htm.
9. I. Rousseau, "Better insight into treating bilingual children who suffer from a stutter", in *Medical Research News*, http://www.news-medical.net, 23 settembre 2004.
10. L. Beheydt, "Le bilinguisme et les troubles spécifiques de l'apprentissage", in "Bilingualism and the Young", *Le language et l'homme*, XXIX, 3, 1994, pp. 225-247.

lentare la rapidità del suo trattamento, al punto di ostacolare, se non addirittura perturbare, la sua comprensione.

Beheydt pensa che alcuni bambini dislessici possano trovare il bilinguismo una "prova estenuante, poiché le operazioni uditive e cognitive indispensabili all'apprendimento simultaneo delle due lingue richiedono facoltà linguistiche e cognitive supplementari".[11]

Allo stesso modo in cui la dislessia riguarda il linguaggio scritto, la soluzione non risiede nell'abbandono del bilinguismo a una cura soltanto domestica: e tuttavia, non sembra affatto una soluzione giudiziosa quella di scolarizzare un bambino dislessico in un ambiente bilingue.

Prima e seconda lingua: rapporti difficili

La motivazione ad apprendere

@ UNA NUOVA LINGUA A 13 ANNI

Nel 1946, avevo 13 anni e mezzo, sono immigrato in Israele... Conoscevo molte lingue, ma tutte insieme non erano sufficienti per comunicare. Mi sentivo come un balbuziente, che parlava la lingua del corpo e non della bocca. Cercavo di esprimermi usando ciò che era a mia disposizione. A poco a poco, ho imparato l'ebraico. È stato un grosso sforzo, quello di far entrare una lingua articolata diversamente nel novero delle altre lingue che conoscevo. Non è una lingua che sgorghi da sé, ma è come riempirsi di ghiaia. Ho lavorato molto, per apprendere l'ebraico, tanto quanto è necessario per scavare una montagna...
Aaron Appelfeld, scrittore, Israele[12]

L'esempio nel riquadro dello scrittore israeliano Aaron Appelfeld mostra assai bene come la prima motivazione di un bambino ad appropriarsi di un nuovo codice linguistico sia il desiderio di comunicare con le persone che parlano quella lingua. Se il giovane Aaron avesse incontrato attorno a sé delle persone parlanti una delle sue lingue materne, non avrebbe avuto alcun bisogno di appropriarsi dell'ebraico. "È l'occasione che fa il bilingue", si potrebbe dire, parafrasando un ben noto proverbio.

"Mi piacerebbe saper parlare tedesco (o inglese, o italiano), ma è trop-

11. *Ibidem*.
12. Estratto da un'intervista di Nurith Aviv, "Misafa, Lesafa. D'une langue à l'autre", documentario prodotto da Production Swan, ZDF/Arte, 2004.

po difficile da imparare": è questo l'argomento di tanti adulti francesi, quando si scusano per la loro ignoranza linguistica. Se la voglia di "saper parlare" una lingua non è legata alla necessità di utilizzarla tutti i giorni, o al desiderio di costruirci una relazione umana con uno (o più) locutori di questa lingua, questo desiderio rimarrà una velleità senza prospettive. Il giovane Aaron aveva deciso di traslocare definitivamente in Israele e, per lui, la motivazione all'apprendimento della lingua del paese era innescata dal desiderio di integrarsi nella società, di diventarne un membro. Questa motivazione mirante all'integrazione, questo desiderio di far parte di un gruppo nel quale è parlata una certa lingua è un potente motore per l'apprendimento di una seconda lingua. È partendo dal desiderio di comunicare che il bambino intraprende un percorso di decodificazione della lingua dei suoi compagni di classe. Nessun problema, da un punto di vista linguistico, come abbiamo appena visto. Ciò che influenzerà moltissimo l'atteggiamento del bambino di fronte alla nuova lingua, e lo sviluppo del suo bilinguismo, è l'immagine che si farà la società della sua lingua d'origine.

La formazione di stereotipi

"Mio padre è inglese e mia madre francese. Ho sentito parlare le due lingue sin dalla nascita. Abbiamo quasi sempre vissuto in Francia... A 6 anni sembra che io abbia rifiutato da un giorno all'altro l'inglese che mi faceva passare per 'straniero'. Mio padre ha fatto vari tentativi, ma io rispondevo ogni volta in francese e piangendo. È stato un rifiuto totale e irrevocabile."

I sociolinguisti confermano che la lingua non è solo un utensile di comunicazione, è anche un simbolo di appartenenza a un gruppo. Noi ci identifichiamo attraverso la lingua che parliamo, quella che condividiamo con un gran numero di persone, che abitano lo stesso nostro paese. Per sentirci a nostro agio nella nostra pelle, nella nostra lingua, abbiamo bisogno di confrontarci con coloro che appartengono a un altro gruppo, a un altro paese, che parlano un'altra lingua. Ovviamente, esistono molti vantaggi nella nostra lingua, e, per estensione, nel nostro paese: sviluppiamo un atteggiamento positivo verso ciò che siamo, la nostra lingua, la nostra cultura, il nostro paese. Nel frattempo, ci facciamo un'opinione sugli altri paesi, sui loro abitanti e sulle loro lingue, attingendo al repertorio delle rappresentazioni sociali[13] che circolano attorno a noi. Gli stereo-

13. La psicologia sociale chiama così il processo con cui le persone ricostruiscono la realtà e le conferiscono senso, producendo un sapere sociale che influenza la natura delle relazioni tra persone e tra gruppi.

tipi riguardo agli abitanti di altri paesi e alle loro lingue ci permettono di fare ordine nel mondo complesso che ci circonda, di farci un'opinione e un atteggiamento adeguato verso gli "stranieri". Condividiamo facilmente lo stereotipo del cinese lavoratore, della lingua cinese troppo difficile, del tedesco rigoroso e della sua lingua sgraziata, dell'inglese flemmatico e della sua lingua facile e che è necessario conoscere, come un "must". Allo stesso modo, esistono classificazioni riguardo alla lingua francese: i francesi ricevono dagli altri, dai non francesi, dagli stranieri, degli attributi.

Ogni straniero che va ad abitare in Francia arriverà dunque su un terreno "minato" di stereotipi, al suo riguardo – felice chi parla inglese, avrà molti meno stereotipi negativi da affrontare in rapporto alla sua lingua, contrariamente a coloro che vengono dalla Polonia o dalla Cambogia. Gli atteggiamenti riguardo alla lingua si trasmettono automaticamente alle persone che la parlano e hanno impatto sul comportamento degli individui e sul loro uso delle lingue.

Uno studio, ormai celebre, dell'équipe del canadese W. Lambert, che usa le tecniche dei "locutori appaiati" (*matched guise*), è stato riprodotto in numerosi paesi. Esso mostra come, negli Stati Uniti, in Israele o in Svizzera, le persone si giudicano sulla base delle lingue che parlano.

I risultati delle diverse ricerche vanno tutti nello stesso senso: se in un paese un gruppo linguistico è dominante dal punto di vista economico, politico e numerico, non solo il gruppo maggioritario giudica negativamente i membri della minoranza, ma, in più, il gruppo minoritario adotta gli atteggiamenti prevalenti nel gruppo dominante e si svaluta da solo.

Dal pregiudizio all'autostereotipo

In Francia è, ovviamente, preferibile padroneggiare la lingua della maggioranza, se si aspira a uno status sociale soddisfacente. Tutte le altre lingue parlate sul territorio francese sono di fatto minoritarie e non determinanti per l'identità nazionale, sebbene sia stato recentemente riconosciuto un posto ufficiale alle "lingue di Francia", come vengono chiamate le lingue regionali. Alcune lingue rinviano a rappresentazioni negative e, come abbiamo visto precedentemente, il giudizio sulla lingua si ripercuote sui membri della comunità che la parla. Un bambino proveniente da una certa comunità linguistica troverà sulla sua strada atteggiamenti negativi nei suoi confronti, e nei confronti della sua lingua materna – che, d'altra parte, non si manifestano in maniera esplicita ma si esprimono talvolta con una certa condiscendenza. Il bambino interiorizza i valori veicolati nel suo ambiente immediato, a scuola e nella società. Assai rapidamente, quasi insidiosamente, il bambino farà suoi gli stereotipi negativi riguardo alla sua lingua, adattando il suo comportamento alla situazione deleteria nella quale si sviluppa, di giorno in giorno. Secondo gli psicosociologi,[14] l'interiorizzazione, da parte del bambino, dei valori negativi riguardo a una lingua, comporta il rifiuto, da parte di alcuni, di continuare a parlare quella lingua in famiglia. È quello che è accaduto, per esempio, a una bambina franco/tedesca, che ha rifiutato, da un giorno all'altro, di rispondere in tedesco a sua madre davanti ai suoi compagni di classe, perché uno di loro si era divertito a insultarla chiamandola "pastorella tedesca"; o che è accaduto a quel bambino di 5 anni che implorò sua madre di non parlargli più in arabo per strada, perché "parlare in arabo è vergognoso".

@ UNA LINGUA MINORE

Sono giordana, ma vivo in Francia dall'età di 8 anni, e ho fatto qui tutti i miei studi. Mio marito è francese, ma capisce l'arabo. Ho cominciato a parlare arabo con mia figlia, ma ho ricevuto poco incoraggiamento da chi ci sta attorno: all'età di 3 anni, la bimba capiva entrambe le lingue, ma si esprimeva in francese e rifiutava l'arabo; alla fine, ho seguito il consiglio del mio medico di parlarle in una lingua sola, e ora rimpiango di averlo fatto.

Atteggiamenti determinanti

Atteggiamenti negativi verso la lingua minoritaria, da una parte, e un'unanime valorizzazione della lingua del paese d'accoglienza, anche da parte dei genitori del bambino, dall'altra, confluiscono in un disinteresse del bambino verso la sua prima lingua – il che si associa spesso con un sentimento di inferiorità. Una reazione possibile è spesso il ripiegamento su se stessi, un'altra l'aggressività. In certe periferie si vivono, tra le altre cose, le conseguenze dell'assenza di un'adeguata politica linguistica. Come osserva giustamente lo scrittore franco/libanese Amin Maalouf, "quando si sente che la propria lingua è disprezzata, la propria religione è schernita, la propria cultura svalorizzata, si reagisce esibendo con ostentazione i segni della propria differenza".[15]

14. J.-F. Hamers, M. Blanc, *Bilingualité et bilingualisme*, cit., p. 161.
15. A. Maalouf, *L'identità*, tr. it. Bompiani, Milano 2005.

@ LA LINGUA MATERNA, UNA PESANTE EREDITÀ

Provengo dall'Ungheria, sono arrivata in Israele a 4 anni, nel 1950. All'esterno, mi sentivo straniera, una nuova emigrata. A casa parlavamo ungherese, mi vergognavo di invitare gli altri bambini a casa mia, era umiliante. Per coloro che parlavano yiddish, la situazione era anche peggiore. Esisteva una gerarchia: parlare yiddish era la vergogna peggiore, quelle immediatamente successive erano solo il rumeno e l'ungherese. E io mi sono trovata a parlare yiddish, rumeno, ungherese, tedesco: tutte le lingue. Ma, dal momento che ero bambina, per me la cosa più importante era essere come tutti gli altri, e parlare ebraico. Davanti allo specchio, per ore e ore, esercitavo il mio accento, cercavo di trasformare le "rr" in "r", per parlare come tutti gli altri. Per me, parlare ebraico come tutti i bambini non era automatico. Mi trovavo in una zona intermedia tra le lingue, in un luogo di disagio, all'eterna ricerca di una fusione dentro l'ebraico.
Agi Mishol, poetessa, Israele[16]

Il sentimento di inferiorità si può trasformare in risentimento verso la lingua dominante, che può terminare con un rifiuto dell'apprendimento di questa lingua, a ripiegarsi su di sé e sulla famiglia. La motivazione ad appropriarsi della lingua degli altri si deve nutrire di rispetto reciproco, perché, per dirla ancora una volta con Amin Maalouf, "se colui la cui lingua io studio non rispetta la mia, parlare la sua lingua smette di essere un gesto di apertura, diventa piuttosto fedeltà e sottomissione".[17]

Il bambino finisce così per trovarsi in una situazione conflittuale tra il legame con la lingua d'origine (allontanarsene sarebbe considerato un tradimento) e il desiderio di legarsi ai bambini della propria età, adottandone la lingua. Non farà alcuno sforzo per appropriarsi della lingua, oltre il livello della mera comunicazione interpersonale e rifiuterà di impegnarsi nell'apprendimento della lingua scolastica. Il linguista Stephen Krashen ha dimostrato che questo blocco nell'apprendimento è causato da fattori emozionali, come, per esempio, la mancanza di sicurezza e di stima di sé. Questi sentimenti negativi agiscono come "filtro affettivo" che impedisce un apprendimento efficace.[18]

Il conflitto è a volte esacerbato dall'atteggiamento di alcuni professionisti che, spesso per uno slancio di buona volontà, incoraggiano il bambi-

16. Estratto da un'intervista di Nurith Aviv, "Misafa, Lesafa. D'une langue à l'autre", documentario prodotto da Production Swan, ZDF/Arte, 2004.
17. A. Maalouf, *L'identità*, cit.
18. S. Krashen, *Second Language Acquisition and Second Language Learning*, Pergamon Press, Oxford 1981.

no e i genitori ad abbandonare la lingua d'origine, non riconoscendo alcun interesse al fatto che il bambino possieda già una lingua. Al contrario, il bambino è considerato "a rischio" e, assai presto, si arriva a constatare l'"handicap linguistico" dei bambini "non francofoni", ovvero di "coloro che parlano una lingua senza valore sociale".

@ UNA LINGUA SENZA VALORE?

Sono francese e mia moglie, d'origine croata, parla francese da circa 10 anni. Da quando è nata nostra figlia Tereza, ciascuno di noi le parla soltanto nella propria lingua materna. La bimba ha ora 3 anni. Frequenta la scuola dell'infanzia da tre settimane, e la sua maestra già ci segnala che la sua scolarità rischia di essere compromessa, a partire dal suo ingresso nel livello scolastico superiore, l'anno prossimo, perché lei non parla. La maestra dichiara che Tereza capisce tutto ciò che le si dice, ma che non ha mai pronunciato una sola parola in francese (per lo meno, non una parola comprensibile) in sua presenza. La maestra ha consigliato a mia moglie di non parlare più a Tereza in croato, ma soltanto in francese. Dice che la bambina frequenta una scuola francese, e che tocca a me fare in modo che Tereza parli francese al più presto...

Fortunatamente, le condizioni macrosociologiche negative che abbiamo appena citato sono a volte disinnescate da un atteggiamento positivo, a fronte della lingua d'origine all'interno della famiglia, che permette uno sviluppo linguistico soddisfacente in entrambe le lingue.[19]

Dal deficit all'handicap linguistico

L'argomento dell'"handicap linguistico" viene a volte utilizzato per spiegare la situazione di insuccesso scolastico vissuta da alcuni bambini. "Sebbene, in grande maggioranza, i bambini immigrati appartengano ad ambienti sociali (assai) sfavoriti, nella rappresentazione degli insegnanti e di una buona parte della popolazione è innanzitutto l'origine linguistica e culturale non francofona a essere stigmatizzata", scrive la psicolinguista Elisabeth Bautier.[20] Tutto accade come se i bambini arrivassero nella scuola francese nell'ignoranza più totale: è occultato il loro passato

19. R. Landry, R. Allard, "Contact des langues et développement bilingue: un modèle macroscopique", in *La Revue canadienne des langues vivantes*, 46, 1990.
20. E. Bautier, "Enfants de migrants, langue(s) et apprentissage(s)", in *Migrants Formation*, 83, 1990, pp. 65-73.

linguistico, culturale e, eventualmente, scolastico. Certamente, alcune lingue europee sono esenti dall'immagine di "handicap", a condizione, tuttavia, che i bambini arrivino rapidamente a una competenza comparabile a quella di un bambino francofono.

In caso contrario (quando un bambino è timido, si mette nella posizione di attesa), ciò che avanza è la minaccia del "semilinguismo". Questo termine fu forgiato una trentina d'anni fa da alcuni ricercatori svedesi[21] per descrivere la situazione linguistica dei bambini di genitori finlandesi immigrati in Svezia, che avevano una padronanza insufficiente della loro lingua materna e dello svedese. A partire dal momento in cui i loro genitori erano emigrati, non erano diventati bilingui, ma semilingui. Il semilinguismo implica che un individuo ha un vocabolario limitato, una grammatica approssimativa, e che non riesce a formulare bene il pensiero e l'espressione delle proprie emozioni in nessuna delle sue due lingue. I ricercatori hanno elaborato l'ipotesi che il contatto simultaneo con due lingue possa condurre, in alcuni bambini, al semilinguismo. Il bilinguismo sarebbe quindi, in loro, "sottrattivo", il che significa che la presenza di una lingua materna diversa da quella scolastica avrebbe un effetto inibente sull'acquisizione di quest'ultima. L'idea degli effetti negativi di un certo bilinguismo è, sfortunatamente, ancora ampiamente diffusa in Francia. Per evitare il semilinguismo, si prefigura una soluzione in apparenza semplice: l'eliminazione della causa, all'occorrenza, l'eliminazione della lingua materna. Per lo psicologo Barry McLaughlin, la diffidenza verso le lingue d'origine è sintomatica di un atteggiamento più generale: "La lingua rappresenta una cultura e la persona bilingue appartiene spesso a una minoranza il cui valore e la cui modalità di pensiero sono poco familiari per la 'maggioranza'. La lingua è qualcosa di identificabile e si può tentare di sradicarla senza mostrare la nostra diffidenza e il nostro timore degli altri".[22]

La nozione di semilinguismo è stata ampiamente criticata da molti ricercatori e non viene usata oggi che in casi patologici di privazione del linguaggio in condizioni socioculturali e socioeconomiche estremamente sfavorevoli.[23] Nella maggior parte dei casi, il fenomeno del semilinguismo si può spiegare tramite vincoli nella crescita cognitiva. Durante il processo di acquisizione della seconda lingua, il bambino attraversa una fase in

21. T. Skutnabb-Kangas, P. Toukoma, *Teaching Migrant Children's Mother Tongue and Learning the Language of the Host Country in the Context of the Social-cultural Situation of the Migrant Family*, Finnish National Commission for Unesco, Helsinki 1976.

22. B. McLaughlin, "Second language acquisition in childhood", in *Preschool Children*, 2nd ed., vol. 1, Lawrence Erlbaum, Hillsdale, NJ, 1984.

23. C. Baker, *op. cit.*, pp. 9 sgg.

cui comincia a perdere determinate abilità di linguaggio nella lingua madre, soltanto per mancanza di pratica, ma senza aver acquisito una sufficiente abilità nella seconda lingua. È in questo preciso momento che si troverà in uno stato di "semilinguismo", con competenze relativamente deboli[24] nelle due lingue.

@ UNO SQUILIBRIO LINGUISTICO

Ho notato quest'anno che l'inglese di mia figlia non si trova allo stesso livello di quello degli altri bambini della sua età esposti quotidianamente al linguaggio degli adulti, che parlano un inglese sofisticato. Ciò che dunque era una ricchezza e un vantaggio finora (il bilinguismo), minaccia all'improvviso di diventare un handicap, perché vedo che si trova svantaggiata al livello dell'inglese (sa che cos'è un castoro, ma non trova la parola "beaver" quando deve spiegare alla maestra ciò che ha appena disegnato, per esempio).

Si tratterebbe dunque piuttosto di uno squilibrio passeggero delle competenze linguistiche dei bambini in fase di acquisizione di una seconda lingua, in evoluzione verso un monolinguismo nella seconda lingua. Per giungere a una competenza bilingue, sarebbe necessario che la lingua materna del bambino continuasse a svilupparsi.

Prevenire le difficoltà scolastiche

Un'importante ricerca americana[25] si è occupata della questione del tempo che servirà a uno studente allofono per raggiungere un livello cognitivo-linguistico pari a quello di uno studente monolingue. Si trattava di studiare la capacità di usare la seconda lingua come lingua di lavoro a scuola, allo stesso titolo degli studenti monolingui della stessa classe d'età. Non si è più, dunque, in un contesto bilingue in cui si potrebbero misurare parallelamente le competenze orali nella lingua madre e fare la media per determinare il livello di competenza linguistica del bambino. Si tratta invece di valutare il livello di un bambino, nella seconda lingua, senza contare sul suo livello di bilinguismo!

24. B. McLaughlin et al., "Assessing language development in bilingual preschool children", *Part II: Language Development in Bilingual Children*, NCBE Program Information Guide Series, 22, 1995.
25. K. Hakuta et al., "How long does it take English learners to attain proficiency?", The University of California Linguistic Minority Research Institute Policy Report 2000.

La ricerca, condotta dall'équipe di Kenji Hakuta dell'Università di Stanford, ha studiato le capacità cognitivo-linguistiche di duemila studenti d'origine vietnamita e messicana, nella regione di San Francisco. I bambini avevano tra i 6 e gli 11 anni e avevano cominciato ad affrontare l'apprendimento dell'inglese verso i 5 anni, in una scuola dell'infanzia americana. Si sono valutate le competenze orali e scritte, in inglese, di questi bambini, grazie a test di lingua standardizzati. La constatazione dei ricercatori è priva di equivoci: perché tutti gli studenti possano raggiungere una competenza della lingua orale pari a quella di uno studente anglofono, sono necessari tra i due e i cinque anni di esposizione alla seconda lingua. Qui non si parla più, dunque, di competenza nel comunicare, di una "facciata linguistica" dei bambini che interagiscono con altri bambini, ma della capacità di riuscita in test di lingua orale, gli stessi test che si somministrano ai bambini monolingui. Nella lingua scritta, alcuni degli studenti testati avevano raggiunto una competenza soddisfacente dopo quattro anni di esposizione, mentre altri non vi erano arrivati che dopo sette anni di esposizione.

Lo studio condotto sugli studenti vietnamiti e messicani ha rivelato un altro problema. È accaduto che lo scarto tra i bambini che imparavano l'inglese e i bambini di lingua madre inglese si era approfondito dopo cinque anni di scolarizzazione. Nei test di lettura e comprensione, i bambini al primo e al secondo anno della scuola primaria avevano un ritardo di un anno in rapporto ai bambini anglofoni, una distanza che raddoppia al quinto anno di scuola elementare.

Lo scarto, all'inizio della scolarizzazione, si spiega per la ragione che non si può leggere ciò che non si capisce: un bambino che non parli la lingua non può riuscire bene nella lettura. Più inquietante è constatare lo scarto crescente, alla fine della scuola elementare – quando tutti i bambini riescono nella comunicazione orale – poiché lascia presagire problemi ulteriori durante gli anni della scuola media, inferiore e superiore. Questi risultati sono confermati da studi tedeschi condotti su bambini di origine turca, marocchina o albanese, che mostrano l'approfondimento dello scarto tra i bambini allofoni e gli altri, all'inizio dell'insegnamento secondario.[26]

Risultati comparabili sono stati rinvenuti dal linguista Jim Cummins,[27] che ha testato il livello linguistico di 1200 figli di immigrati in Canada, se-

26. M. Ott, *Schreiben in der Sekundarstufe I. Differenzierte Wahrnehmung und gezielte Förderung von Schreibkompetenzen,* Schneider Verlag Hohengehren, Baltmannsweiler 2000.
27. Citato in C. Baker, *op. cit.*

condo il livello della loro lingua "accademica", così come si pretende di averlo nel corso della carriera scolastica.

Da questi studi, si ricava che i risultati scolastici dei bambini allofoni scolarizzati per *full immersion* si collocano al di sotto del livello dei bambini monolingui (inglesi), nel corso di un periodo che dura dai 3 ai 7 anni. È solo alla fine di questo periodo di scolarizzazione che non si possono più distinguere differenze, a livello concettuale-linguistico, tra un bambino monolingue e un altro che abbia imparato l'inglese tardivamente.

Lo scopo di questi studi era di far capire che l'abbandono di un insegnamento nella lingua madre è all'origine dell'insuccesso scolastico dei bambini immigrati di recente. Altre ricerche hanno trovato una correlazione tra l'abbandono della lingua d'origine parlata in famiglia e le difficoltà scolastiche.[28] Queste ricerche sono corroborate dall'inchiesta, condotta nella regione di Lione, e menzionata prima, che ha rilevato competenze linguistiche in francese significativamente più elevate nei bambini in cui il mantenimento della lingua di origine era stato favorito grazie a corsi forniti in quella lingua (dentro o fuori dal quadro scolastico).

Alcune conclusioni

Gli studi che abbiamo appena visto impongono una conclusione: la riuscita scolastica dei bambini che prendono la strada del bilinguismo tardivo deve qualcosa al mantenimento della loro lingua d'origine, nella famiglia e, idealmente, nel corso di studi scolastico.

Come negli Stati Uniti, la politica linguistica francese non è in favore del mantenimento delle lingue minoritarie – ma va piuttosto nel senso della difesa della lingua francese e della francofonia. I rari studi che si sono interessati alla questione del ruolo della lingua di famiglia, per la riuscita scolastica – come lo studio condotto a Lione – conducono nondimeno alla stessa conclusione: ovvero che un posto importante deve essere riservato alla lingua d'origine.

Se è esatto che i bambini raggiungono il livello concettuale-linguistico richiesto nella seconda lingua dopo cinque, al più sette anni soltanto di scolarizzazione, dobbiamo interrogarci sulla causa dello scacco scolastico di un buon numero di bambini "non francofoni" e del loro orientamento massiccio verso le scuole tecniche e professionali. Sarebbe urgen-

28. L. Wong-Fillmore, "When learning a second language means losing the first", in *Early Childhood Research*, 6, 1991, pp. 323-346.

te esaminare, in Francia, la relazione tra il mantenimento della lingua familiare e la riuscita scolastica dei bambini bilingui tardivi.

Sottolineiamo che la problematica non riguarda tutte le situazioni di bilinguismo tardivo. Si deve necessariamente constatare che le lingue coinvolte negli studi citati in precedenza sono quelle delle minoranze immigrate meno valorizzate nel nostro paese.

Quando sono coinvolte lingue fortemente valorizzate (come il tedesco, il francese, l'inglese), le testimonianze dei genitori e degli insegnanti non menzionano difficoltà scolari particolari, allo stesso modo in cui la nozione di "handicap linguistico" di rado viene associata con il bilinguismo.

Se non si padroneggia la lingua dominante, può darsi che ciò sia dovuto alla mancanza di valorizzazione di un bilinguismo, per esempio, vietnamita/inglese o, rimanendo maggiormente vicini alla realtà francese, a un bilinguismo arabo/francese, da parte della società di accoglienza, così come da parte di genitori essi stessi coinvolti. Costoro si vedono costretti ad abbandonare al più presto la lingua di famiglia a vantaggio del francese. La ciliegina sulla torta delle idee preconcette, a questo riguardo, è un recente rapporto della commissione sulla prevenzione della delinquenza (presieduta da un deputato di un partito francese di destra, l'UMP), che sostiene l'esistenza di un legame diretto tra il mantenimento della lingua di famiglia, l'insuccesso scolastico e la delinquenza!

Per promuovere la riuscita scolastica dei bambini di madrelingua non francese bisognerà dunque agire controcorrente rispetto alla credenza secondo cui il tempo passato a parlare la lingua minoritaria va a detrimento del tempo necessario ad apprendere la lingua dominante.

Tutti gli studi lo dimostrano:[29] ogni lingua, qualunque essa sia, parlata dalla famiglia, è preferibile all'uso, da parte dei genitori, di un francese mal padroneggiato.

Per permettere lo sviluppo di un bilinguismo additivo, in Francia, si dovrebbe fare in modo che i bambini allofoni possano cominciare a scolarizzarsi nella loro lingua materna, come è stato recentemente raccomandato dall'assemblea parlamentare del Consiglio d'Europa. Quindi, come continua a sostenere il professore di linguistica Georges Lüdi nel suo rapporto all'assemblea succitata, "l'insegnamento per *full immersion* nella lingua dominante comporta i peggiori risultati sul piano educativo, tanto a livello accademico che linguistico, e conduce spesso all'insucces-

29. R. Landry, R. Allard, "Contact des langues et développement bilingue: un modèle macroscopique", cit., pp. 527-553.

so. Un insegnamento bilingue virato sulla lingua materna rappresenta, al contrario, la base di un successo a lungo termine".[30]

In mancanza della possibilità di una scolarità bilingue in Francia, converrebbe convincere i genitori – e i professionisti dell'educazione – dell'importanza del mantenimento della lingua familiare come mezzo d'espressione, tanto a lungo quanto è possibile.

30. G. Lüdi, *Réflexions sur la place de la langue dite maternelle dans l'enseignement scolaire, annexe du résumé*, APCE, doc. 10838, febbraio 2006 (http://assembly.coe.int/Mainf.asp?link=/Documents/WorkingDocs/Doc06/FDOC10837.htm).

7

L'educazione di un bambino bilingue nel quotidiano

Il bilinguismo in famiglia

La gestione delle lingue

L'educazione bilingue di un bambino in un paese monolingue richiede un impegno senza interruzione dei genitori, nel corso di lunghi anni. Si parte con la scelta della lingua che verrà parlata con il bambino, al momento della sua nascita, si continua con la scelta dell'insegnamento da dargli, passando per la scelta del luogo di vita della famiglia.

In una famiglia o in una coppia in cui circolano più lingue, tutte queste questioni vengono affrontate, idealmente, prima della nascita di un bambino, evitando così eventuali conflitti in proposito alla gestione delle lingue familiari. Statisticamente, lasciano il loro paese di nascita più donne che uomini, per andare ad abitare nel paese di provenienza del coniuge.[1] Nei matrimoni misti, la salvaguardia della lingua minoritaria e dunque del bilinguismo dei bambini è di fatto soprattutto a carico delle madri. Si tratterà di trovare l'equilibrio giusto tra il mantenimento della prima lingua e la promozione del francese, che sarà la lingua scolastica nella maggioranza dei casi.

Numerose coppie di diversa lingua madre hanno adottato una terza lingua per comunicare, e alcuni dei coniugi di queste coppie provengono loro stessi da famiglie multilingui. L'arrivo di un bambino cambia fondamentalmente il loro rapporto con la lingua materna, con il loro bilinguismo, per andare a completarsi, eventualmente, con una riorganizzazione delle lingue nella giovane famiglia. La lingua di comunicazione dei coniugi viene a volte vissuta come un elemento non autentico, di riporto,

1. G. Varro, *Les couples mixtes*, Armand Colin, Paris 1995.

che potrebbe mettere in pericolo il bilinguismo del bambino. Questa idea nasce dalla paura di sovraccaricare il bambino con una terza lingua. Un'altra fonte di preoccupazione può sorgere dall'idea che il bambino non comprenda la lingua parlata dai genitori. Quindi, la paura di escludere il bambino non è che parzialmente giustificata perché si rileva costantemente che i bambini comprendono assai bene la lingua dei genitori, anche se non la parlano. A forza di sentirla, ne colgono almeno le espressioni più correnti.

La coppia mista

L'educazione bilingue del bambino è tanto più difficile quando il compito di trasmettere la propria lingua d'origine sta a uno solo dei coniugi. Questa è d'ufficio la lingua minoritaria, se comparata alla lingua dell'altro coniuge e della società.

@ PARLARE LA "PROPRIA" LINGUA DAVANTI AGLI ALTRI

Mi scoccia parlare francese a mio figlio quando sono circondata da persone che non lo capiscono, in particolare quando sono con altri bambini che vorrebbero capire quel che dico a Carlo. D'altra parte, trovo difficile parlare esclusivamente in francese con mio figlio, se suo padre e io stiamo parlando tra noi in italiano. E mi succede a volte di rivolgermi a lui in italiano, cosa che mi rattrista sempre: ho l'impressione di sabotare il suo avvenire bilingue!

La difficoltà di mantenere la rotta del bilinguismo è avvertita a partire dai primi contatti extrafamiliari: parlare la propria lingua davanti a persone – cognati e suoceri, amici, per strada – che non la capiscono, è una cosa avvertita da molte madri (e padri) come problematica. La paura di escludere gli altri, a cominciare dal partner che non capisce la lingua, spinge molte madri a riservare l'uso della propria lingua ai momenti di intimità con il bambino, e ad adottare la "lingua di tutti" quando si è in compagnia di altri. Questo bilinguismo non portato fino alle sue estreme conseguenze, è mal incamminato, verso il fallimento.

La paura di fare "gruppo a parte", se stessi e il proprio bambino, tormenta molte madri, mentre la sensazione di venire emarginati dalla coppia madre-bambino prende spesso piede presso i padri. Quando non sono in corso conflitti larvati, la questione della lingua "straniera" può essere vissuta come l'occasione di apprendere la lingua del coniuge, nello stesso tempo e insieme ai bambini, come accade a una madre francese che vive in Italia: "È questo che è successo con mio marito, italiano, che conosceva assai poco il francese, e che ha imparato a capirlo in contemporanea con i nostri bambini, quasi senza accorgersene".

Numerose madri riferiscono la loro impressione di trovarsi in una situazione artificiale quando si tratta di parlare con il loro bimbo. Temono di rinchiudersi da sole "dentro una bolla", se comunicano con lui in una lingua che solo loro comprendono. Questa sensazione è rinforzata dal fatto che il bambino non è in grado di rispondere alla mamma: per lunghi mesi, in effetti, la madre rimane l'unica a usare una lingua "straniera". La convinzione di star facendo bene è indispensabile a una madre per accettare di esporsi a ciò che tutti condividono, in un paese monolingue! In questo caso, il contatto tra coloro che provengono dallo stesso paese, laddove è possibile, può interrompere l'isolamento "linguistico" e sarà di miglior effetto per la continuità nella trasmissione della lingua.

Nel corso dello sviluppo del bilinguismo dei bambini, il genitore allofono si divide tra il desiderio di trasmettere la sua lingua d'origine e quello di permettere al figlio di integrarsi nella società d'accoglienza. La preoccupazione di comportarsi gentilmente per non escludere nessuno colloca il genitore davanti a un dilemma: da un lato, egli si percepisce come il "guardiano del tempio" della lingua materna, di fronte alla crescente importanza della lingua dominante, dall'altro, lui o lei vuol mostrare la sua capacità di adattamento e il suo grado di acculturazione, parlando la lingua dominante della società. Il problema dei genitori migranti è quello di conciliare queste due aspirazioni.

Il mantenimento della lingua materna nei bambini, al di là dei primi apprendimenti, implica anche che gli adulti abbiano conservato la capacità di parlare la loro prima lingua, cosa che quasi mai succede quando si conduce una vita attiva nel paese d'adozione. La distanza geografica dal paese d'origine e la facilità a ritornarvi quando lo si voglia giocano un ruolo fondamentale per la conservazione del legame con la lingua. Non è la stessa cosa, abitare a mille o a diecimila chilometri di distanza dal paese natale e, quando si vive in Francia, non è la stessa cosa che il proprio paese di riferimento linguistico sia, per esempio, la Germania o l'Uruguay.

Resuscitare una lingua minore

In numerose coppie miste, il coniuge "migrante" ha già fatto uno sforzo per adattarsi al paese di residenza, quando la migrazione ha avuto luogo prima dell'incontro della coppia. È quel che accade, per esempio, quando ci si trasferisce in un paese per ragioni di lavoro, e si incontra lì il proprio futuro sposo o sposa. Ci si assimila allora alla società d'accoglienza e, a volte, non si pratica più la propria lingua d'origine.

Se ci si disinteressa alla lingua "d'origine" del congiunto, ciò diviene fonte di conflitto quando, in occasione della nascita del primo bambino, sorge la questione della lingua. È frequente che la nascita ravvivi il sentimento delle radici del coniuge migrante, e che questi decida di "tirar fuori" una lingua materna quasi dimenticata. Non c'è bisogno di dire che la situazione in cui il partner non parla per niente la lingua "debole" è la meno favorevole, per il bilinguismo. È questo che ha dimostrato la sociologa Gabrielle Varro in uno studio sulle famiglie franco-americane a Parigi. Essa vi ha mostrato che nelle famiglie in cui il padre non capiva né parlava inglese il bilinguismo dei bambini non resisteva all'erosione del tempo.[2]

Riappropriarsi della propria prima lingua, quella in cui si è stati cullati da bambini, richiede a volte un lavoro su se stessi e, sempre, uno sforzo di concentrazione e di lavoro sulla lingua. Per ravvivare la lingua materna, da lungo tempo sepolta nel dimenticatoio, molte madri parlano dello sforzo che è stato necessario compiere, ma anche dell'immenso piacere che hanno provato quando si sono sentite di nuovo a loro agio nella propria lingua.

@ ESSERE FINLANDESI IN FRANCIA

Quando è nato il mio primo figlio, ho deciso di parlargli in finlandese. È stato molto importante, per me, che imparasse la mia lingua materna, ovvero che potesse comunicare con la mia famiglia, che vive in Finlandia. All'inizio, tutto ciò non è stato evidente, perché avevo l'abitudine di parlare francese a casa mia. Il francese era associato a questo luogo, in cui io vivo. Ho dunque dovuto sforzarmi un po', e alla fine, dopo un certo periodo, un mese al massimo, sono riuscita ad associare il finlandese con la personcina del mio bambino. Da allora, non faccio altri sforzi. Ormai è automatico: parlo finlandese al mio bambino, e francese a mio marito.

La questione della scelta della lingua da parlare con il proprio bambino è tanto più cruciale se uno dei partner o entrambi sono loro stessi bilingui.

2. G. Varro, *La femme transplantée*, Septentrion, Paris 1984.

La difficile scelta della lingua, per i genitori che sono essi stessi bilingui

Bernadette è una giovane mamma bilingue, francese/inglese. Suo marito Frank è bilingue tedesco/vietnamita. Lei è "appassionata dalle lingue", come dice spesso di sé, e si augura di trasmettere questa passione – e le sue due lingue – a suo figlio. Ha dunque fatto la scelta di parlargli a volte in inglese, a volte in francese. Quanto a Frank, ha optato per l'uso alternato di tedesco e vietnamita. Coscienti del vantaggio che procura il bilinguismo precoce, avendo essi stessi vissuto questa esperienza, numerosi adulti bilingui si trovano davanti al dilemma della scelta della lingua da parlare ai propri bambini.

@ UN FRENO EMOZIONALE

Sono nata in Norvegia, ho vissuto in Norvegia e in Francia durante l'infanzia. Ho sempre parlato norvegese con mio padre: ho cominciato a parlare francese con mia madre, dopo di che le ho parlato norvegese, a partire dai miei 3 anni, finché i miei genitori si sono separati, quando io avevo circa 9 anni, e io ho definitivamente scelto il francese come lingua principale, anche se mio padre continuava a vivere in Norvegia. Ho un bambino di 3 mesi. Durante la gravidanza, non sapevo in quale lingua gli avrei parlato alla nascita. Ho lasciato fare al mio istinto e, da quando è nato, gli parlo in francese. Non riesco a parlargli sempre in norvegese, sicuramente perché mi ricorda i miei genitori (che ci parlavano ognuno nella propria lingua e che hanno comunicato male tra loro). Di contro, gli canto molte canzoni e gli racconto delle storie in norvegese. Mi piacerebbe enormemente che apprendesse questa lingua che fa interamente parte di me, ma non riesco a parlargli in norvegese tutto il tempo.

Da un punto di vista linguistico, è preferibile che ciascun genitore si decida e scelga una sola lingua da parlare al proprio bambino. Ciò significa, per dei bilingui equilibrati, portare il lutto dell'altra lingua, per lo meno in ciò che concerne la sua trasmissione simultanea.

È un compito difficile, per alcune madri, che hanno l'impressione di tradire una parte di se stesse. La decisione definitiva, quanto alla scelta della lingua, è spesso presa al momento della nascita. Lo shock emozionale provocato da una nascita fa risalire alla superficie dei ricordi sulla propria infanzia. Le parole dolci che furono sentite allora acquisiscono tutto il loro senso solo nella lingua madre. Sarà la lingua nella quale queste parole emergono spontaneamente alla nascita che bisognerà utilizzare con il proprio bambino. Ma capita anche che alcune madri bilingui, che hanno già preso una decisione sulla lingua da parlare con il loro bambino, si confrontino, al momento della nascita, con ricordi dolorosi, che rendono la lingua madre inutilizzabile con il bebè.

La famiglia migrante

Il progetto di bilinguismo dipende non solo dalla composizione familiare, ma anche da dove questa va a vivere. Quando tutta la famiglia si trasferisce in un altro paese, la scelta delle lingue è generalmente influenzata dalla durata del soggiorno previsto.

Da un punto di vista linguistico, le cose sono relativamente semplici, per lo meno all'inizio. Una coppia che non parla, o parla male la lingua del paese dove sceglie di vivere, ha poca scelta quanto alle lingue da usare in famiglia. Ma questa situazione, apparentemente semplice, non lo resterà a lungo. Nel corso degli anni, i genitori si troveranno coinvolti in un processo di adattamento alla nuova vita e alla lingua del paese. Avranno voglia di mostrare la loro integrazione nella società utilizzando sempre di più la lingua del paese dove si sono trasferiti, e così comincerà un processo di erosione della lingua madre. In casi come questo, è grande la tentazione di parlare con i bambini la lingua maggioritaria, per lo meno in compagnia di altre persone che non capiscono la lingua della famiglia. Ed è tanto meno facile manifestare, attraverso l'uso di una lingua diversa, la propria non appartenenza alla comunità. Essere stranieri, essere diversi, necessita di una certa sicurezza, per non interpretare gli sguardi curiosi degli altri come ostili.

L'erosione della lingua (o delle lingue) di famiglia è tanto maggiore quanto più questa non gode di un valore sociale elevato. Questo valore attribuito alla lingua gioca un ruolo importante nel riconoscimento sociale di cui la famiglia gode: una lingua "di prestigio" e una lingua "minore" non godono della stessa immagine, nella società, ed è dunque più o meno facile parlarle, in società. È così che Souad, marocchina che vive nella regione di Parigi, ha deciso di parlare francese con la sua bimba di 2 anni. Sebbene il suo francese sia esitante, Souad trova che l'arabo marocchino non sia di alcuna utilità per sua figlia. Lei privilegia la lingua francese "per facilitarle l'ingresso nella scuola francese".

Quando almeno uno dei genitori parla francese, e a meno di aver già riflettuto sui benefici del bilinguismo, la perdita della lingua materna sembra una conseguenza inevitabile. È così che assistiamo alla scomparsa di certe lingue, in situazioni di contatto con il francese. In famiglie di questo tipo, la lingua "d'origine" diventa la lingua dei genitori, degli adulti, alla quale i bambini non hanno più accesso.

Il bilinguismo nel corso del tempo

L'educazione bilingue di un bambino è un'impresa di lungo termine che richiede impegno sicuro da parte di tutta la famiglia.

Malauguratamente, dopo l'entusiasmo dei primi anni, in cui ciascuna parola prodotta dal bimbo piccolo è stata notata con grande cura, prende piede una certa stanchezza. L'acculturazione (ovvero l'integrazione di un individuo nella lingua e cultura di un paese) può essere insidiosa: con il lavoro, la lingua maggioritaria fa il suo ingresso nella famiglia sempre di più. I bambini sono i primi a rifiutare il cambiamento linguistico, rientrando dalla scuola, e non hanno alcuno scrupolo a trascurare la lingua di mamma (o di papà). Come bulldozer, schiacciano il sogno di bilinguismo dei loro genitori, mettendosi a maneggiare con gioia e abilità la lingua del paese, la loro lingua. Per poco che il genitore allofono risponda a sua volta nella lingua dominante, la continuità nell'altra lingua sarà sospesa: situazione, questa, che si può riassumere come segue: "Il nemico del bilinguismo dei bambini è il bilinguismo dei genitori".

Ogni famiglia ha un modo particolare di gestire questa situazione, ma la prima lingua diventa inevitabilmente permeabile alle incursioni della lingua dominante. A volte, un parlare bilingue prende piede laddove le parole della lingua maggioritaria invadano sempre più la lingua madre. Questa erosione della prima lingua è più rapida nelle famiglie in cui un solo coniuge è "lo straniero".

L'equilibrio delle lingue si perde anche quando il genitore, nel corso degli anni e acculturandosi, maneggia con più agevolezza la lingua del paese. Se i contatti con la famiglia e gli amici restati al paese d'origine sono ridotti al minimo o sono inesistenti, si produce un riequilibrio delle lingue: la lingua d'origine diventa la lingua debole e quella del paese d'adozione diviene la prima lingua di comunicazione. Dopo molti anni di vita in un paese terzo e dopo un'integrazione riuscita, il genitore "migrante" ha sempre più difficoltà a parlare la sua lingua materna con i bambini. Questi ultimi, non sentendosi per niente investiti di una missione di "conservazione della lingua materna", si adattano assai bene e senza esitazione alle oscillazioni della madre (o del padre) verso la lingua maggioritaria.

@ IL LUOGO DELLA LINGUA "MATERNA"

Sono di origine tedesco/polacca e vivo in Francia. Mio marito è svizzero/vietnamita. Sono stata allevata parlando francese, tedesco, inglese, polacco. Mio marito è stato allevato in Germania e parla francese, inglese, tedesco. Ho deciso di parlare tedesco ai miei bambini, perché è la mia lingua del cuore, quella in cui mi sento più a mio agio. I miei bambini hanno 10 e 3 anni. La prima ha parlato perfettamente francese e tedesco a 2 anni (praticamente come una persona adulta), poi ha rifiutato di parlare altre lingue diverse dal francese a partire dall'età di 4-5 anni e fino ai 6 anni, e ha poi integrato il suo bilinguismo e il suo multiculturalismo. Ho sempre perseverato, ma a volte non mi è riuscito di essere costante e ho smesso. Oggi mia figlia è perfettamente bilingue e mi parla soltanto in tedesco, come sua sorella (il che è una sua scelta personale), e parla in francese con il suo papà. Per la seconda bambina, è più complicato: dopo aver cominciato esclusivamente con il tedesco, adesso vuole parlarmi solo in francese, e rifiuta i miei discorsi in tedesco (ma io so che capisce tutto), e si esprime molto bene in francese. Confesso che la mia motivazione è bassissima. Sono 15 anni che abito in Francia... Tutto l'ambiente che ci circonda parla francese: mi domando come fare per non lasciare a se stessa la mia bambina e trovare la forza di continuare: sono piuttosto frustrata perché la mia bambina non vuole più parlarmi nella mia lingua "madre".

L'erosione progressiva della lingua materna è un'evoluzione naturale contro la quale è difficile lottare da soli. La soluzione sta nella rete di amici, della nostra stessa origine linguistica, che si avrà avuto cura di costruire. È una realtà: senza l'aiuto di parlanti della stessa lingua, esterni alla famiglia, è impossibile mantenere il bilinguismo a lungo termine.

Genitori monolingui: il bilinguismo sognato

Una seconda lingua, costi quel che costi

La presa di coscienza di ciascuno, secondo cui una sola lingua non è sufficiente, oggi, per la riuscita professionale, allo stesso modo della scoperta della capacità di apprendimento dei bambini, conduce molti genitori monolingui a interessarsi al bilinguismo. La questione che essi si pongono allora è di sapere quale sia il metodo migliore per iniziare il bambino piccolo a una lingua straniera. L'offerta sul mercato degli apprendimenti precoci si sostanzia di giorno in giorno, i media trasmettono i consigli di abili commercianti, prospera la vendita di metodi d'apprendimento per un "bilinguismo senza pena".

Ci interesseremo qui non più all'acquisizione di una seconda lingua in un ambiente in cui la si parli naturalmente, ma all'apprendimento di una lingua diversa da quella della maggioranza, in un contesto formale (scuola bilingue, corsi del mercoledì, metodi audiovisivi). In questo caso, la seconda lingua è introdotta allo scopo di condurre il bambino verso il bilinguismo, ricercato e valorizzato da tutti.

Caroline è francese e si appassiona alle lingue. Padroneggia bene l'inglese e vorrebbe risvegliare l'interesse per le lingue straniere nella sua bambina di 2 anni. Ha dunque investito in un metodo di risveglio dell'inglese e fa regolarmente guardare delle cassette di introduzione alla lingua alla sua bambina. Questa sembra attratta dalle belle immagini e ne è attratta ogni volta che la madre accende la televisione. Dopo qualche settimana, Marina vuole spesso rivedere la cassetta, ma non mostra alcun interesse a pronunciare parole in inglese.

Julien, 15 mesi, ha genitori francesi. A partire dai suoi 15 mesi, viene accudito da una baby-sitter ispanofona alla quale i genitori hanno chiesto di parlare soltanto nella lingua madre. La baby-sitter accompagna Julien in tutte le situazioni della vita quotidiana: gli dà da mangiare, lo cambia, gioca con lui, lo mette a letto e lo aiuta ad addormentarsi: si tratta di molte situazioni diverse perché egli possa variare sufficientemente l'input linguistico. A 10 mesi, Julien ha pronunciato la sua prima parola, in spagnolo.

Arthur, di 18 mesi, ha una baby-sitter di origine algerina. Si tratta di una persona perfettamente bilingue, che parla francese con il bambino, ma parla anche arabo con i suoi bambini, quando questi ultimi ritornano da scuola. A casa, quando Arthur gioca da solo nel salone, sua madre lo sente pronunciare parole fortemente somiglianti all'arabo, "parole che io stessa non saprei pronunciare".

Heloïse, di 3 anni, frequenta un asilo nido franco/tedesco. Tutto ciò che fa, compresi i pasti, si svolge in tedesco grazie alle educatrici originarie della Germania, delle quali alcune non parlano francese. La piccola si trova in *full immersion* cinque giorni alla settimana, in un ambiente in cui tutto tende a ricreare un'"atmosfera tedesca".

Tra l'ascolto passivo delle sequenze filmate, l'ascolto dei dialoghi tra bambini e adulti che ha luogo nell'ambiente del bambino, l'interazione diretta tra un adulto e un bambino piccolo o piccolissimo, non ci sono dubbi, quanto al bilinguismo. Julien, con la sua baby-sitter ispanofona, diventerà bilingue, a condizione che si continui a parlare lo spagnolo con lui e attorno a lui, come Heloïse potrà diventare bilingue se continua tutta la sua vita scolastica in ambiente germanofono.

Abbiamo visto in un capitolo precedente che l'esposizione a una lingua senza interazione diretta con il bambino non è sufficiente perché questi possa imparare a parlare. Similmente, non basta porre un bambino davanti a uno schermo televisivo perché acquisisca una competenza bilingue.

Parlare una lingua straniera con il proprio bambino

È ampiamente riconosciuto che i bambini hanno un vantaggio considerevole, se comparati agli adulti, nell'acquisizione di una seconda lingua in un contesto naturale. Alcuni genitori, influenzati da esperienze che hanno luogo negli Stati Uniti, sono tentati di trasmettere questo sapere ai loro bambini. Ancora embrionale in Francia, il movimento dei genitori che crescono i propri bambini insegnando loro una lingua straniera si fonda sull'esperienza dell'australiano G. Saunders, un professore di tedesco che aveva deciso di crescere i suoi tre bambini parlando loro soltanto in tedesco.[3]

Tuttavia, la maggior parte dei genitori impegnati in questa esperienza non "tengono" a lungo, e di certo non così a lungo come Saunders. Dopo i primi anni passati a parlare una lingua molto semplice, si rendono conto che la loro conoscenza del tedesco, del francese o dello spagnolo non è sufficiente a sostenere una vera conversazione con i loro bambini. La deriva nel metodo si fa sentire nelle testimonianze che appaiono sui forum di discussione.[4]

Nel loro desiderio di crescere "un bambino bilingue", alcuni genitori cominciano a parlare al loro bambino in una lingua straniera che sono loro stessi incapaci di padroneggiare. Sono tanti i racconti che parlano di situazioni strampalate in cui le madri devono fare appello al dizionario, per cercare il termine appropriato per "biberon" o "fasce", nella lingua "insegnata".

La maggior parte dei genitori ammette che la propria conoscenza della lingua straniera non è sufficiente a continuare l'esperienza oltre l'infanzia, e conta sulla memoria del proprio bambino per conservare la lingua così acquisita. Nondimeno, secondo le conoscenze attuali della ricerca, sappiamo che una lingua acquisita facilmente durante la prima infanzia si può perdere assai facilmente.

3. G. Saunders, *Bilingual Children: From Birth to Teens*, cit.; vedi capitolo 4 di questo volume.
4. A titolo d'esempio, vedi http://www.byu.edu/~bilingua/.

@ UN BAMBINO BILINGUE, COSTI QUEL CHE COSTI

Quando il nostro bambino Benjamin è nato, trovavamo strano e artificiale parlargli in tedesco. Invece, quando ha cominciato a rispondere un po' di più, verso gli 8-10 mesi, abbiamo potuto cominciare a sentirci più a nostro agio con il tedesco. Ho imparato a memoria alcune ninnananne e rime in tedesco, cosa che mi ha molto aiutato... A casa leggevamo soltanto libri tedeschi, e mi sono messa a collezionare videocassette e canzoni tedesche per bambini. È stato importante per me avere più modelli possibile, in lingua tedesca, dal momento che il nostro tedesco non era perfetto.[5]

Nel leggere varie testimonianze, si ha la strana impressione che questi genitori chiudano la loro famiglia in una bolla linguistica, allontanandola tanto dalla loro lingua materna quanto dalla realtà della lingua straniera. Tutte queste persone hanno il desiderio di "insegnare" al loro bambino una lingua che essi stessi hanno appreso al liceo o all'università, senza avere la minima idea della realtà culturale che questa lingua comporta.

Se l'esperienza sembra riuscita sul piano linguistico, lascia nondimeno indovinare una certa mancanza di spontaneità nelle relazioni tra genitori e bambini.

Prima di lanciarsi in un'avventura simile, il genitore dovrebbe essere certo di poter creare e mantenere una relazione affettiva con il suo bambino, senza che l'uso della lingua straniera comprometta le interazioni emozionali. Come diceva, con molto buon senso, una madre su un forum anglofono, prima di condividere il proprio amore per le lingue con il proprio bambino, bisognerebbe in primo luogo condividere il proprio amore per lui nella propria lingua materna.

La questione essenziale è capire se il bilinguismo del bambino vale davvero il rischio di mettere in pericolo l'equilibrio psicologico della relazione genitore-bambino.

Gli apprendimenti precoci

In un'epoca in cui la scienza ci fornisce le prove che "il bambino è una persona" che possiede un cervello capace delle più straordinarie prodezze, genitori, educatori e opportunisti di ogni genere sono pronti a giurare sull'efficacia dell'apprendimento precoce. La lettura, la musica,

5. http://www.byu.edu/~bilingua/shurtsbackground.html.

le lingue: bisogna inculcare tutto al bambino piccolo, prima che sia troppo tardi.

Non potendo insegnare loro stessi una lingua straniera, molti genitori fanno appello a strutture private per permettere di imparare una lingua straniera – spesso l'inglese – al loro bambino. Il successo dei corsi di iniziazione linguistica dimostra che l'opinione, oggi ampiamente diffusa, per cui "quanto prima, tanto meglio" è condivisa da un gran numero di genitori.

Nondimeno, per forte che sia la tentazione di condurre un bambino di 3 anni verso il bilinguismo, esponendolo a una lingua straniera per qualche ora alla settimana, il risultato si farà attendere. L'apparente facilità con cui i bambini piccoli si capiscono, tra pari, anche senza parlare la stessa lingua, è dovuta alle loro modalità di comunicazione, basate sul contesto e sugli indizi non verbali. Invece, per quel che riguarda la loro capacità di produrre enunciati nella seconda lingua, essa è assai meno evidente che per i bambini un po' più grandi. Il ritmo di acquisizione varia in funzione dell'età del bambino al momento di inizio dell'acquisizione. Quindi, è inutile attendersi da un bambino che produca frasi nella nuova lingua, se non ha ancora raggiunto lo stadio di sviluppo corrispondente, nella sua lingua materna. Eppure, era questo che si aspettava il signor K, padre di due bambini di 3 e 4 anni. Aveva investito molto in corsi di inglese individuali per le sue figlie. Deluso dal risultato, dopo un anno di attività in inglese, abbandonò il suo sogno di avere dei bambini bilingui. Lo stesso padre sarebbe stato meglio consigliato, se gli fossero stati proposti dei corsi di iniziazione all'inglese proposti ai bambini al secondo anno della scuola primaria: la capacità delle sue figlie di recitare qualche frase appresa alla fine dell'anno scolastico l'avrebbe forse soddisfatto di più. È questa la sorprendente constatazione che si può fare confrontando le capacità di parlare di bambini di età differenti. Dopo un anno di *full immersion* in una scuola dell'infanzia bilingue, produzione e comprensione nella seconda lingua da parte di un bambino di 4 anni non sono confrontabili per nulla con quelle di un bambino di 7 anni che abbia iniziato con la *full immersion* a 6 anni. Quest'ultimo rivelerà la sua superiorità sia nella comprensione, sia nel numero e nella forma degli enunciati.

I programmi di *full immersion* in Canada sono un esempio interessante. In questi programmi, alcuni bambini anglofoni sono scolarizzati a partire dai 5 anni nella lingua francese, mentre altri partecipano a un programma di *full immersion* tardiva, in cui il francese non viene introdotto che a partire dagli 11 anni. Si verifica così che nella produzione del francese, dopo un anno di istruzione, i bambini che hanno cominciato tardi sono più avanzati di coloro che hanno beneficiato della *full immersion* precoce![6]

@ UN'ACQUISIZIONE PRECOCE ESITANTE

In materia di apprendimento del tedesco, il primo anno nella scuola dell'infanzia, nei bambini piccolissimi, di 2-3 anni, è abbastanza deludente per i genitori – e per noi educatrici. Non riceviamo praticamente alcun feedback, alcuni danno persino l'impressione di essere insensibili alla lingua. Il secondo anno, non va molto meglio, ma almeno i bambini cominciano a ripetere qualche espressione. È solo al terzo anno, intorno ai 5 anni, che si comincia a sentire che hanno immagazzinato un certo numero di espressioni e cominciano a parlarci!

Ne segue che, nel breve periodo, il ritmo d'acquisizione nella seconda lingua è tanto più rapido quanto più la lingua materna comincia a essere elaborata. Ma, dopo il periodo iniziale, di uno o due anni, sono i più giovani che fanno passi più lunghi, rispetto ai bambini più grandi. Quindi, più l'apprendimento si prolunga, più crescono i vantaggi per il bambino che abbia cominciato molto presto. È lui che svilupperà la seconda lingua fino a un livello elevato; invece, dopo un inizio promettente, le acquisizioni dei bambini che apprendono essendo un po' più grandi difficilmente si evolveranno. Quali conclusioni bisogna trarne?

Notiamo in primo luogo che l'apprendimento precoce – prima dei 7-8 anni – di una seconda lingua, più di ogni altra cosa, è un'impresa a lungo termine, nella quale dei risultati "udibili" si faranno attendere. È quindi importante definire chiaramente i propri obiettivi prima di impegnare il proprio bambino in una sezione bilingue, o in attività prescolari bilingui. Per finire, reputiamo che se anche l'effetto immediato del contatto precoce non appare a livello delle produzioni linguistiche, l'esposizione a una lingua – per minima che sia – avrà un effetto benefico sullo sviluppo del bambino: l'apprendimento di nuove parole, di rime, di canzoni, gli permetterà di prendere le distanze dalla sua lingua materna, il che svilupperà le sue capacità metalinguistiche. La capacità di analizzare la propria lingua è la prima condizione che prepara all'apprendimento della lettura e, retroattivamente, a una migliore padronanza della lingua materna!

6. F. Genesee, *Learning Through Two Languages: Studies of Immersion and Bilingual Education*, Newbury House, New York 1987.

D'altra parte, i bambini che abbiano seguito un'iniziazione attraverso il gioco – in scuole d'infanzia o in corsi di lingua – si esprimono ancora più volentieri nella lingua straniera. Hanno un atteggiamento positivo di fronte alla lingua e cercano volentieri il contatto con essa, cercando film da guardare o tramite relazioni sociali. Anche se l'esperienza non è perseguita nelle scuole bilingui, ogni iniziazione precoce a una lingua straniera fa, quindi, bene al bambino.

Riassumendo, se si vuole che il bambino sviluppi una competenza bilingue, bisognerà che il contatto con la seconda lingua cominci al più presto (prima dei 7 anni) e che prosegua per anni interi.

Che si scelgano corsi di lingua o una scuola dell'infanzia bilingue, vanno osservate alcune regole. Il metodo va adattato all'età del bambino. La familiarizzazione della lingua si deve fare in una situazione naturale, con parlanti madrelingua che abbiano, obbligatoriamente, una formazione nel campo della prima infanzia. Il fine dell'apprendimento di una lingua straniera non deve far passare in secondo piano l'equilibrio psicologico del bambino. È desiderabile, inoltre, che i genitori investano nel progetto, prolungando il contatto con questa lingua al di fuori del luogo d'apprendimento. I viaggi, l'incontro con parlanti nativi, sono un mezzo efficace per sostenere, insieme al bambino, il piacere del contatto con la lingua. Anémone Geiger-Jaillet, insegnante-ricercatore all'IUFM dell'Alsazia,[7] insiste anche sull'importanza, per i genitori, di spiegare ai bambini le ragioni per le quali hanno scelto un'iniziazione precoce. È così che questo curriculum bilingue diventa sensato per il bambino, e lo incita a contribuirvi.[8]

Non tutti i genitori hanno l'opportunità di impegnare precocemente i propri bambini sul cammino del bilinguismo. Essi dovranno perciò accontentarsi dell'apprendimento di nozioni di base in una lingua straniera, in occasione dei corsi di sensibilizzazione proposti nella maggior parte delle scuole pubbliche francesi. A 7-8 anni, età di avvio di questa iniziazione linguistica, la lingua materna si svilupperà a un livello tale che il bambino potrà mettere in azione delle strategie d'apprendimento che in un primo tempo gli permetteranno di fare progressi rapidi. A lungo termine, i bambini non faranno grandi progressi, al di là delle conoscenze di base della lingua. Per di più, il risultato dell'apprendimento dipenderà dall'atteggiamento degli insegnanti nel lavoro con bambini piccoli e dall'utilizzo di metodi adatti alle diverse fasce d'età. La continuità dell'apprendimento

7. A. Geiger-Jaillet, *Le bilinguisme pour grandir. Naître bilingue ou le devenir par l'école*, L'Harmattan, Paris 2005.
8. *Ibidem.*

dovrebbe inoltre essere garantita al di là della scuola primaria. Sfortunatamente, non si danno, al momento attuale, tutte le condizioni richieste per l'insegnamento di una lingua straniera nella scuola primaria. I miseri risultati che si sono potuti rilevare possono essere "fonte di delusione verso l'idea stessa di un apprendimento precoce delle lingue".[9]

Questo capitolo non sarebbe completo se non ci interessassimo alla scelta della lingua da proporre ai bambini. Che sia nei corsi di "lingua viva" nella scuola primaria, o nelle attività extrascolastiche, l'inglese si impone come un "must". Sarebbe inutile voler lottare contro il suo status di *lingua franca*, di lingua di comunicazione tra i popoli, ma è urgente farsi delle domande sul suo ruolo di prima e unica lingua da apprendere. Linguisti come Claude Hagège[10] propongono da tempo l'insegnamento delle lingue dei paesi vicini, piuttosto che l'inglese "per tutti".

È la conoscenza di una lingua e di una cultura in più, rispetto all'inglese, che farà la differenza sul mercato del lavoro, negli anni a venire.

@ A CONCLUSIONE

Noi, genitori di bambini bilingui, abbiamo scelto ancora più di altri di vivere nella molteplicità e nell'accettazione del diverso. È dalla molteplicità delle possibilità che ci si offrono che attingiamo la forza e la speranza per coloro che verranno dopo di noi.

9. Commission européenne, "L'enseignement 'précoce', quels résultats, dans quelles conditions?", http://europa.eu.int/comm/education/policies/lang/key/foreign_fr.html.
10. C. Hagège, *Le souffle de la langue*, Odile Jacob, Paris 1992.

Conclusione

Mentre la coabitazione di più lingue in uno stesso spazio geografico è la regola nella maggior parte delle regioni del mondo, in Francia, invece, uno dei simboli dell'unità nazionale è la lingua francese. Dopo la rivoluzione, e ancor più dopo la scuola obbligatoria di Jules Ferry, la lingua francese è diventata il cemento della *République*, garante dell'unità nazionale e della coesione sociale. Un numero impressionante di leggi e decreti codifica l'uso del francese, fino alla legge Toubon (ex ministro della Cultura) del 1994, che regolamenta l'uso dei termini inglesi nei media e nella pubblicità.

Il dovere della scuola è quello di rafforzare l'uso del "buon francese" e, di conseguenza, ogni altra lingua è considerata come concorrente. Si comprende così perché, nell'opinione pubblica, la rappresentazione del bilinguismo, o del multilinguismo, sia legata al mito della torre di Babele.[1] La nazione accetta difficilmente la diversità linguistica e culturale dei suoi cittadini e, viceversa, favorisce volentieri l'uso del francese nelle famiglie, a spese delle lingue "identitarie", come giustamente le chiama lo scrittore Amin Maalouf. Genitori algerini, polacchi, tedeschi o serbi rompono così la catena di trasmissione di un bene culturale inalienabile, la lingua materna.

Le credenze e gli stereotipi danno più spazio del necessario alla paura che prova la maggioranza verso persone "difficili da categorizzare", a partire dalla loro doppia lingua e cultura. Non è la ricchezza di questa doppia competenza a sedurre: inquieta piuttosto la perdita dell'unità – unità di cultura, di personalità – e di una certa "purezza" linguistica.

Molto rimane da fare, in Francia, per arrivare un giorno a considerare

1. È a partire dalla costruzione della torre di Babele che Dio decise di moltiplicare le lingue dei costruttori, che da quel momento furono incapaci di intendersi e dovettero fermare la costruzione.

la diversità delle lingue e delle culture come una ricchezza per il paese e non come una minaccia. Dovremmo arrenderci all'evidenza che si può essere francesi e "prendere l'ascensore sociale", pur possedendo un'altra lingua materna, diversa dal francese.

Beninteso, questo augurio non potrà realizzarsi che grazie a una reale volontà politica che incoraggi il mantenimento delle *altre* lingue madri *oltre* al francese, e ciò in applicazione della Dichiarazione Universale dell'UNESCO sulla diversità culturale. Essa stipula che "ogni persona ha diritto a un'educazione e a una formazione di qualità, che rispettino pienamente la sua identità culturale".

Dispiace constatare che le esperienze riuscite, come la scuola dell'infanzia franco/tedesca, sono opera di iniziative private e sono riservate a un'élite. È altrettanto triste vedere che iniziative interne alla scuola pubblica, come i corsi bilingui franco/arabi di una scuola primaria parigina,[2] non siano apprezzati per il loro giusto valore, né estesi ad altre scuole. Le lingue parlate attualmente in Francia[3] rappresentano un vivaio di talenti che basterebbe valorizzare, anziché sacrificarle sull'altare del monolinguismo. Quanti mediatori, traduttori, insegnanti si potrebbero formare, se si valorizzassero le lingue d'origine! Ciò che sostiene il linguista Jim Cummins vale anche per la Francia: "Il capitale culturale, linguistico e intellettuale delle nostre società aumenterà in maniera significativa quando la smetteremo di considerare i bambini diversi, da un punto di vista linguistico e culturale, come 'un problema da risolvere', e quando ci apriremo alle risorse linguistiche, culturali e intellettuali che questi bambini apportano alle nostre scuole e alle nostre società".[4]

In attesa che questa utopia si realizzi, dobbiamo accettare, noialtri bilingui, multilingui o genitori di bambini bilingui, di essere i pionieri di una società francese più tollerante e aperta al mondo.

2. A partire dal 1986, la scuola di rue de Tanger (Parigi, 19e) propone, accanto a un insegnamento classico, un insegnamento bilingue franco/arabo per tutti i bambini scolarizzati che lo desiderino.

3. Più di 70 lingue diverse sono parlate nella regione parigina, e si stima che un bambino su quattro di questa zona parli o capisca un'altra lingua, diversa dal francese (C. Deprez, *Les enfants bilingues: langues et familles*, Didier, Paris 1999).

4. http://www.iteachilearn.com/cummins/mother.htm.

Epilogo

Quando, nel 1968, visitai per la prima volta Parigi, in occasione di una gita scolastica, seppi che era la città in cui volevo vivere. Fu questo che accadde, effettivamente, dopo che ebbi terminato i miei studi di linguistica. Un matrimonio "misto" e, qualche anno più tardi, la nascita della mia prima figlia mutarono il mio interesse per le lingue in una passione per il bilinguismo. Ho cercato invano, all'epoca, consigli e informazioni sui bambini bilingui – senza osare parlare della terza lingua della famiglia, l'arabo – incontrando dappertutto diffidenza e incomprensione. Sono andata alla ricerca di informazioni alla fonte, nella linguistica e nella psicologia sociale, all'università e sul campo. Ho imparato a diffidare dei "buoni consigli", visto che le conoscenze dei miei interlocutori cedevano spesso il passo all'inquietudine, davanti a "tante lingue".

Il padre dei miei bambini e io abbiamo guidato la barca linguistica della nostra famiglia, raggiungendo altezze di trilinguismo e valli monolingui. Ci siamo dovuti rendere conto che l'educazione dei bambini, nel bilinguismo e nel trilinguismo, non è un lungo fiume tranquillo. Abbiamo dovuto difendere il trilinguismo dei primi anni con psicologi e insegnanti, e più tardi batterci perché i bambini conservassero il legame con la lingua materna e paterna, che, nel frattempo, erano andate perdute.

Ho vissuto in mezzo a dubbi e domande, a sguardi sospettosi, e quando ci sono stati brutti voti a scuola ho incassato le osservazioni condiscendenti di un professore di francese. Più tardi, ho vissuto anche il rifiuto di mio figlio di parlare con sua nonna, poiché il tedesco era diventato troppo "strano" per lui. Ho dovuto accettare il disconoscimento, da parte dei miei figli, per Goethe e per Schiller, ho dovuto sopportare anche i rimproveri larvati dei germanofili per aver lasciato deperire una "cultura".

Ho dovuto arrendermi all'evidenza che è difficile praticare la prima lingua nel corso degli anni, e che arriva un giorno in cui si è acculturati a un punto tale, nel paese in cui si è scelto di vivere, che si trova strano parlare "straniero" con i propri figli.

Alla fine di trent'anni passati tra più di una lingua, constato che lo sforzo dei primi anni non è stato vano: con gioia abbiamo assistito al rinnovarsi del tedesco nei nostri tre bambini, divenuti adolescenti, ed è con fierezza che accompagniamo i loro sforzi di giovani adulti, per la riappropriazione della prima lingua del loro padre, l'arabo.

Ristampa					
0	1	2	3	4	5

				Anno
2008	2009	2010	2011	2012

Finito di stampare nel maggio 2008
dal Consorzio Artigiano LVG, Azzate (Varese)
per conto di Raffaello Cortina Editore
Milano, via Rossini 4